Rolf Müller

LIEBER HANDKÄS' ALS WORST CASE

Sentimentale Gedanken über eine wunderbare, anmutige Sprache in Not

Herstellung & Verlag: BoD - Books on Demand, Norderstedt
ISBN 978-3-7412-7020-8

„Wir wohnen nicht in einem Land,
sondern in einer Sprache."

(Emile Cioran, 1911-1995)

Inhalt

Anmerkungen des Autors

Für mich ist eines der schönsten Worte in der deutschen Sprache „Dankeschön". Leider hat es nicht bei jedem und zu jeder Zeit Hochkonjunktur, dennoch ist es ein aufrichtiges, ein emotionales, ein wertvolles Wort. Natürlich sind auch „thank you very much" oder „merci beaucoup" höfliche Formulierungen, aber unser „Dankeschön" hat einfach etwas Besonderes. Dieses Gefühl der Dankbarkeit möchte ich all jenen gegenüber zum Ausdruck bringen, die mir durch Anregungen, technische Hilfestellungen, Ermutigungen und kritische Begleitung die Möglichkeit gaben, meine Idee, ein kleines, durchaus lieb gemeintes Buch zu veröffentlichen, Wirklichkeit werden zu lassen.

Ein herzliches Dankeschön an Claudia Wendt, Ute Hoyer und Hans-Jörg Vogler, die mit ihren Fertigkeiten in der digitalen Welt diese Veröffentlichung erst möglich gemacht haben.

Ein herzliches Dankeschön an die ideenreichen Künstler Dominik Bauer, Harm Bengen, Ralf Böhme, Achim Greser, Markus Grolik, Elias Hauck, Heribert Lenz und Götz Wiedenroth für die Genehmigung, ihre Kunstwerke verwenden zu dürfen, um meinen Text zu veredeln.

Ich wollte mir gerne meine Besorgnis um unsere schöne Sprache von der Seele schreiben, wohl wissend, dass der Widerhall und die Kraft zur Veränderung eher gering sein werden.

Aber Sie, liebe Leser, können sich ja selbst ein Bild machen.

Rolf Müller,
Gelnhausen im August 2016

P.S. Übrigens, von wegen lieber Handkäs´ als Worst Case. Ich persönlich empfinde Handkäs´ als kulinarischen Worst Case.

Prolog

Lieber Handkäs' als Worst Case.

Dieser fundamentalen Weisheit, die auf tiefgründiger Lebenserfahrung beruht, kann eigentlich kein vernünftiger Mensch widersprechen, selbst wenn er noch nie in seinem Leben das Frankfurter Nationalgericht „Handkäs' mit Musik" probiert hat. Dieser Vergleich zwischen dem kulinarischen Angebot Handkäs' und dem ungünstigsten Fall, dem Worst Case, hat allerdings einen kleinen Haken, denn er bezeichnet nur eine scheinbare Alternative, da in diesem konstruierten Gegensatz sowohl inhaltlich als auch sprachlich Nicht-Vergleichbares nur deshalb in ein direktes Verhältnis gesetzt wird, weil es sich so schön reimt. Handkäs' und Worst Case sind Klangbrüder, aber keine Bedeutungsbrüder. Sie bewegen sich auf völlig unterschiedlichen inhaltlichen Ebenen.
Das muss man sich am besten praktisch und plastisch vorstellen. Stellen Sie sich die folgende Szene in einer typischen Äppelwoi-Wirtschaft im Frankfurter Stadtteil Sachsenhausen vor. Ein Gast, der über ein großes Maß an Wortwitz verfügt, gibt bei dem waschechten Frankfurter Kellner, der schon Hochdeutsch als eine Zumutung empfindet und Englisch ganz und gar für eine Unverschämtheit hält, seine Bestellung auf: „Herr Ober, bitte eine Portion Worst Case und einen Bembel". Die Antwort des Frankfurter „native speakers" würde vermutlich sehr lakonisch ausfallen: „Mein Herr, mir habbe kaan Worstkäs', mir habbe nur Handkäs' mit Musik' oder Leberkäs'". Diese erfundene Geschichte ist gar nicht so

weit von der Wirklichkeit entfernt. Wie verwirrend der Gebrauch von Anglizismen zur falschen Zeit am falschen Ort wirken kann, belegt ein Leserbrief in einer hessischen Regionalzeitung. Dort wurde in einem Artikel für eine traditionelle Straßenkerb geworben und mit Stolz darauf hingewiesen, dass bei den Speisen auch „Wedges mit Sour Cream" angeboten wird. Daraufhin schreibt eine Leserin: „Wie jedes Jahr werden wir auch diesmal zur Kerb kommen. Es freut uns, ein solches dörfliches Treiben zu erleben. Jetzt bitte ich um Aufklärung, was das Essen betrifft. Was sind „Wedges mit Sour Cream"? Ist es ein einheimisches Essen, denn sollte es amerikanisch sein, müsste es schon „with" heißen und nicht „mit". Wie gut, dass auch noch Schnitzel angeboten wird. Und Pizza kenne ich auch."

Ja, so kann es gehen, wenn für eine Straßenkerb, für ein „dörfliches Treiben", mit dem Flair der großen weiten Welt geworben werden soll und es zum Zusammenstoß sehr verschiedener Gedanken-Welten kommt. Sowohl in dem fiktiven Dialog in der Apfelwein-Kneipe als auch in dem realen Leserbrief reden die beiden Dialog-Partner erfolgreich aneinander vorbei. Der eine erkennt zwar den scheinbaren Reim, aber er versteht den Sprachwitz des anderen nicht und kann ihn subjektiv auch nicht verstehen, weil er die beiden unterschiedlichen Ausdrucksebenen nicht erkennt. So kann Denglisch zum aneinander Vorbeireden führen und das eigentliche Ziel der Verständigung, sich zu verstehen, gehörig verfehlen.

Pech, wenn man defektes Deutsch spricht.

Vor einigen Jahren war ich als Vorsitzender einer Sport-Konferenz in Brüssel und sollte ein Gespräch mit einem tschechischen EU-Kommissar moderieren. Aus Höflichkeit und Respekt vor dem hohen europäischen Funktionsträger begann ich die Einleitung der

Konferenz in englischer Sprache. In der Pause kam ein Freund zu mir und zeigte sich äußerst erstaunt darüber, dass ausgerechnet ich, ein bekannter und bekennender militanter Streiter für die deutsche Sprache, englisch spräche.

Diese Episode zeigt das Missverständnis, dem die Gegner des „Denglischen" immer wieder begegnen. Nicht die englische Sprache, eine liebe indogermanische Verwandte des Deutschen, ist der Stein des Anstoßes, sondern die seltsame Mischform des Denglischen und die meist überflüssigen Anglizismen. Diese Kritik am Denglischen und an der Überdosis Anglizismen hat nichts mit dem positiven Aspekt der Zwei- oder Mehrsprachigkeit zu tun. Das sind zwei völlig unterschiedliche Paar Schuhe. In einer globalisierten Welt gehört Mehrsprachigkeit längst zur Bildungs-Standardausrüstung, nicht nur in den Bereichen der Wissenschaft und der Wirtschaft. Sie ist zu einer wichtigen Voraussetzung für berufliche Karrieren geworden.

Doch unser Sprachgebrauch hat seit langem Formen angenommen, als hätten beim Spracherwerb ein angelsächsischer Vater und eine deutsche Mutter ihre jeweiligen Gene vererbt, und das Kind könne sich situationsbedingt nicht für eine Sprache entscheiden, sondern nutze einen unverständlichen Mischmasch.

So, wie es die Gruppe „Wise Guys" in ihrem Text „Denglisch" karikiert: „Oh, Herr, bitte gib meine Sprache zurück", „Oh, Lord, bitte gib mir meine Language zurück", „Oh, Lord, please gib mir meine Language back". Ja, nicht immer sind Cocktails wohl schmeckend, es kommt auch auf die Zutaten, die Dosierung und den persönlichen Geschmack an. Das gilt auch für Sprach-Cocktails. Hannes Stein hat dazu in seiner „Enzyklopädie der

Alltagsqualen" einen kulinarischen Vergleich konstruiert: „Spaghetti mit Meeresfrüchten, für sich genommen, absolut essbar, und auch Tiramisu ist eine feine Sache. Rührt man aber beides zusammen, erhält man eine unappetitliche Pampe. Und so ist auch Denglisch, diese Mixtur aus Englisch und Deutsch, die von Leuten ohne Sprachgefühl für cool gehalten wird, eine ziemlich ungenießbare Sache."(1) Prost Mahlzeit!

Nun ließe sich argumentieren, das Denglische sei nahezu die ideale Lingua franca, sie schaffe doch für Menschen verschiedener Sprachgemeinschaften auf speziellen Gebieten die Möglichkeit der Kommunikation. Dies wäre allerdings nur dann richtig, wenn es wirklich um die Verständigung zwischen Menschen unterschiedlicher Muttersprachen ginge. Doch dies ist gerade beim Denglischen nicht der Fall, denn es wird ausschließlich im eigenen deutschen Sprachraum genutzt. Unter dieser Voraussetzung ist die Frage nicht nur erlaubt, sondern sogar zwingend, ob wirklich alle Aussagen, die im Deutschen für jedermann erkennbar und verständlich einen Gegenstand oder einen Tatbestand in aller Klarheit und Emotionalität bezeichnen, auf Teufel komm raus wirklich in Anglizismen ausgedrückt werden müssen.

Es wird Sie nicht überraschen: Meine Meinung lautet eindeutig Nein, und dies ist auch der Tenor dieser lieb gemeinten Streitschrift, die beileibe kein Reinheitsgebot für die deutsche Sprache fordert, sondern eher eine Liebeserklärung an deren Geschichte, Entwicklung, Klang und Wesen darstellt.

Ich will nicht bestreiten, dass meine Herkunft als Sohn einer Buchhändlerin und eines Buchhändlers und meine Wahl der Germanistik als Studienfach eine besondere persönliche Sensibilität für die geschichtliche und aktuelle kulturelle Leistung der deutschen Sprache geprägt haben. Doch bin ich unabhängig von diesen subjektiven Motiven davon überzeugt, dass wir in Deutschland auch ein objektives Denglisch- und Anglizismus-Problem haben.

Natürlich kann man auf diese Problematik des oft inflationären Anglizismen-Gebrauchs ganz unterschiedlich reagieren. Die eine, eher fatalistische Sichtweise: „Das nehmen wir völlig locker", „das sehen wir ganz cool". Oder es hilft die Einstellung des „Rheinländer Grundgesetzes": „Et es wie et es, es kütt, wie es kütt, et hätt noch emmer joot jejange" (Es ist, wie es ist, es kommt, wie es kommt, es ist noch immer gut gegangen). Eine andere Möglichkeit: Man greift zur hessischen Lebensweisheit: „Unn eh´ ich mich uffreech, is mir´s lieber egal!" (Und ehe ich mich aufrege, ist es mir lieber egal). Mit den vielen humoristischen, persiflierenden Beispielen wie etwa von der Musikgruppe „Wise Guys" mit ihrem Lied „Denglisch", des ostfriesischen Komikers Otto Waalkes mit seinem Kursangebot „English for runaways" oder den vielen witzigen „Übersetzungen" von „You are heavy on wire" (Du bist schwer auf Draht) über „Equal goes it loose" (Gleich geht es los), „Striptease table" (Ausziehtisch) oder „Letter-Sex" (Briefverkehr) bis „You are on the woodway" (Du bist auf dem Holzweg") lassen sich das Denglische und der Anglizismussturm gut ertragen. Viele kreative Wortschöpfungen aus der Jugendsprache nehmen das Phänomen eher auf die leichte, originelle Schulter und bezeichnen beispielsweise die Pinkelpause als „Biobreak", die Sonnenbank als „Assitoaster", das Nachsitzen als „Happy Hour" oder Anstrengendes als „hardcore". Ebenso „cool" sind Wortneuschöpfungen, die Kofferwörter wie „Bankster" (aus Banker und Gangster) oder „Smombie" (aus Smartphone und

Zombie) hervorbringen. Andere machen sogar eine Anleihe im Medizinischen. Ausgehend vom Begriff Diarrhoe sind Ableitungen für unterschiedliche Bewertungen entstanden: „Logorrhoe" für Rede-Durchfall, entsprechend „Blogorrhoe" oder „Twitterrhoe". Phantasie kennt keine Grenzen.

Wem bei diesem Phänomen allerdings nicht zum Lachen und Prusten zumute ist und wer tiefer bohren will, der stößt vor in die Sphären der Kausalität zwischen menschlichem Denken, Bewusstsein und Sprechen, er erkennt den Zusammenhang von Sprache und Macht, kann Einblicke in die Werbesprache gewinnen und erfährt etwas über die historische „Fremdgierigkeit" der Deutschen.

Platon hat die Sprache als ein „organon", als ein Werkzeug, begriffen. Sie ist ein vielseitiges Werkzeug des Denkens und des Gefühls ebenso wie der Verständigung und des Missverständnisses, sie ist Werkzeug der Wahrheit und der Lüge, der Macht und der Ohnmacht, und sie verbindet ebenso wie sie ausgrenzt, sie gibt Orientierung, aber sie führt auch in die Irre. Die individuelle Sprache mit ihrem Wortschatz, ihrer Semantik und ihrer Struktur bestimmt die Grenzen der Welterfahrung, und so ist es nur logisch, dass sich diese Grenzen des Einzelnen in dem Moment verändern, in dem sich die eigene Welterfahrung verändert. Dies bleibt nicht ohne Wirkung auf das sprechende und denkende Ich.

„Lieber Handkäs´ als Worst Case" ist ein sprachkritischer Versuch, den Zusammenhängen, Ursachen und Entwicklungstendenzen dieser sprachlichen Veränderungen und den veränderten Ausdrucksgewohnheiten, die als Denglisch und Anglizismen bezeichnet werden, nachzuspüren. Bei einem solchen Versuch schwingt immer ein Stück Gesellschaftskritik mit, und Wertungen lassen sich nicht verhindern, denn sie sind Zeichen widerstreitender geistiger Strömungen.

Diese Auseinandersetzung zwischen den beiden Sprach – und Gedankenwelten ist schon länger in vollem Gange, und dies nicht nur in Deutschland. Die Skala der Einschätzungen ist breit. Sie reicht von selbstverständlicher Akzeptanz über Gleichgültigkeit bis zu energischer Ablehnung. Der Sprachwissenschaftler Hans Eggers nimmt den Sprachwandel locker. In seiner „Deutschen Sprachgeschichte" offenbart er ein gleichsam biologisches Sprachmodell: „Sprache beginnt, entwickelt sich und geht unter"(2). Es ist also völlig unnötig, sich wegen der vielen anglo-amerikanischen Ausdrücke in unserer Sprache aufzuregen, das vergeht, und „eingewanderte" und „ausgewanderte Wörter" gab es schon immer. Ähnlich, aber mit einem Schuss Ironie, sieht es der Wiener Germanist Richard Schrodt: „Warum geht die deutsche Sprache immer wieder unter?"(3). Das heißt im Klartext: Macht Euch keine Sorgen, noch immer hat die deutsche Sprache ihren eigenen Tod überlebt.

Das ist die eine Position, die Sprache als ein lebendes System betrachtet, zu dem eine sprachliche Evolution naturgemäß gehört. Für diese Vertreter sind denglische Begriffe und Anglizismen als ein positives Zeichen der Modernität in einer globalisierten Welt, als Ausdruck eines unumkehrbaren Wandlungsprozesses, als Sprach-Variation, als notwendige Internationalisierung oder als ein „Update" unserer Sprache zu bewerten.

Sie sehen in diesem Phänomen keinen Anlass zu erhöhtem Blutdruck oder sorgenvollen, tiefergehenden Gedanken. Sie halten es mit dem Motto: Trends und Modeerscheinungen kommen und gehen, was regt Ihr Euch auf.

Im Unterschied dazu steht das Lager der Besorgten, das die Sprach-realität in unserem Land als Ausverkauf nach dem Motto „Deutsch for sale" (4), als „Verlotterung der deutschen Sprache" (5), als „Lust an der Selbsterniedrigung" (6), als Schritt in die „drohende, globale Einsprachigkeit" (7) oder gar als „kulturellen Selbstmord" (8) dia-gnostiziert. So schwanken die Einschätzungen der Sprachentwick-lung zwischen einem völlig normalen, immer wiederkehrenden Vor-gang bis hin zum Menetekel einer Sprachverarmung und dem kalten Hauch eines bevorstehenden Sprachenmords.

Ich reihe mich in die Schlange derjenigen ein, die Kritik an der Denglisch- und Anglizismen-Infiltration unserer Sprache üben; aber ich möchte nicht in die Rolle eines Sprach-Don Quichottes geraten, der gegen Windmühlen kämpft und auf seiner Mutterspra-chen-Rosinante sehenden Auges in eine Niederlage reitet und am Ende als Narr dasteht. Daher will ich nur aus meiner Sicht bestimm-te Aspekte der Entwicklung der deutschen Sprache aufzeigen und denkbare Konsequenzen deutlich machen. Ich mache keinen Hehl daraus, dass aus der Sprachbeschreibung eine Sprachkritik wird, bei der traurige Gedanken mitschwingen.

Angesichts der Tatsache, dass etwa 55 Prozent der deutschen Be-völkerung kein Englisch spricht und versteht, sind die Umfrageer-gebnisse, die einen eindeutigen Trend gegen das Denglische und den übermäßigen Gebrauch von Anglizismen ergeben, keine Über-raschung. Aber dieses Ergebnis birgt auch die große Gefahr, dass diese 55 Prozent das Augenzwinkern, das die scheinbare Alternative „Lieber Handkäs´ als Worst Case" begleitet, vielleicht gar nicht ver-stehen können.

Das wäre aber wirklich schade, das wäre ein echter „Worst Case".

I.   Was hat Hausmeister Krause mit „Denglisch" zu tun?

Wir haben einen herben Verlust zu beklagen.

Unseren freundlichen, immer hilfsbereiten Hausmeister Eduard Krause gibt es nicht mehr.

Na ja, das stimmt nicht so ganz, denn den freundlichen und immer hilfsbereiten Eduard Krause gibt es noch, er arbeitet auch nach wie vor im selben Haus, und er verrichtet auch noch die gleichen Arbeiten wie früher. Nur ist er jetzt Facility Manager. Wahrscheinlich ist es nur eine Frage der Zeit, bis seine Kollegin Gerda Feinhals, die frühere Putz- oder auch Reinemachefrau, zur Dirty-Managerin avanciert.

Wir haben aber noch einen anderen Verlust zu beklagen. Unsere Sprach- und Schreibkultur sind im Begriff zu schwinden, und wesentliche Ursachen haben Namen. Sie heißen „Denglisch" und Anglizismen.

Da werden altbekannte und vertraute Begriffe „modernisiert" und ihrer ursprünglichen Bedeutung entfremdet, und es werden deutsche und englische Begriffe durcheinander gewirbelt.

Die deutsche Sprache ist offenkundig in keiner guten Verfassung, sie schwächelt und zeigt deutliche Symptome einer chronischen Erkrankung, und ihr Zustand gibt wenig Anlass für ein „Feeling" von „Wellness" oder „Fun". Das kann man ihr nicht zum Vorwurf machen, sondern vielmehr den Menschen, die es durch ihr Sprach-Verhalten dazu kommen lassen und unsere Sprache ohne Not preisgeben. Rufe nach Abhilfe werden laut: „Rettet dem Deutsch", verlangt Mathias Schreiber im „Spiegel": „Die deutsche Sprache wird so schlampig gesprochen und geschrieben wie nie zuvor. Symptom der dramatischen Verlotterung ist die Mode, fast alles angelsächsisch „aufzupeppen".“(9)

Einige Mitschuldige für diese Entwicklung nennt Schreiber konkret beim Namen. „Schrecklichstes, auch ständig auf schreckliche Weise vereinfachtes und verharmlostes Symptom der kranken Sprache aber ist jenes modische Pseudo-Englisch, das täglich aus den weitgehend gehirnfreien Labors der Werbeagenturen, Marketings-Profis, Popmusik-Produzenten („Charts", „Flops", „flashen"), aber auch aus Behörden, wissenschaftlichen Instituten, Massenmedien und den Reden-Schreibstuben der Politiker und Verbandssprecher quillt wie zähflüssiger, giftiger Magma-Brei, der ganze Kulturlandschaften unter sich begräbt."

Was waren das noch Zeiten, als es in jeder Epoche eine spezifische gesellschaftliche Gruppe gab, die als „Gestalter" für die Entwicklung der Sprache verantwortlich war, wie Hans Eggers (10) schreibt: In althochdeutscher Zeit die „Geistlichkeit", im Mittelalter das „Rittertum", in der frühen Neuzeit das „Bürgertum" und in der Neuzeit die „Massengesellschaft".

Ja, und für uns sind es die modernistischen Anglizismus- und Denglisch-Jünger, die Matthias Schreiber an den Sprach-Pranger gestellt hat.

In die gleiche Kerbe haut Sven Siedenbergs Sprachkritik „Lost in Laberland": „Da gibt es den Business-Schwafler, der die Sprache der Powerpoint-Präsentation kultiviert und immer abstrusere Firmen- und Produktnamen ausbrütet; den Kürzel-Freak, der wie ein Keyboarder mailt und simst, bloggt und twittert, auf mehreren Tastaturen und Kanälen gleichzeitig; den marktschreierischen Jargon-Monteur in den Werbeabteilungen und den übellaunigen

Motz-Brocken in den Internetforen. Noch nie war so viel schlechtes, raschverderbliches Deutsch im Umlauf wie heute". (11)
Wolf Schneider, ehemaliger Leiter der Hamburger „Henri-Nannen-Journalistenschule", stößt in das gleiche Horn: „Es geht bergab mit der Sprache, machen wir uns nichts vor: „Die Fernsehschwätzer beherrschen die Szene, die Bücherleser sind eine bedrohte Gattung, die Grammatik ist unter jungen Leuten unpopulär, ihr Wortschatz schrumpft, und viele 17-Jährige betreiben das Sprechen" wie ein „Nebenprodukt des Gummikauens". (12)

Sprachloyalität ist „out", Denglisch ist allgegenwärtig, wir werden zu Zeitzeugen des neuen „Wordings" in einer globalisierten Welt, die zur Einebnung neigt, in der Unverwechselbarkeit und Individualität zu Störfaktoren geworden sind.
Diesen Verlust an Differenzierung, dieses Phänomen des Gleichhobelns analysiert Roland Kaehlbrand am Beispiel der Geldinstitute mit großer sozialpsychologischer Tiefe und Ironie: „Der Vorzug des Bankers beruht darauf, daß im Unterschied zur leitenden Funktion des Bankiers nun jeder in einer Bank Beschäftigte sich als Banker bezeichnen kann: vom Sachbearbeiter in der Buxtehuder Außenstelle bis zum Chefvolkswirt. Dies ist Ausdruck flacher Hierarchien.". (13) So elegant hat noch selten jemand die Hochstapelei, die im Gewand der nahezu vollständigen Gleichheit daher kommt, umschrieben.
Schleicht sich da etwa Theodor W. Adornos „Jargon der Eigentlichkeit" im anderen Gewand der Anglizismen-Eigentlichkeit in unsere Sprachgegenwart? Hat sich durch das Denglische und die vielen Anglizismen bereits erfolgreich ein falsches Bewusstsein breit gemacht,

indem wir widerstandslos und fremdgierig unseren Wortschatz und die Satzbildung preisgeben?

Man kann diesen – oft unbewussten – Vorgang bei Migranten und Menschen, die lange Zeit im Ausland leben, beobachten. Mit der zunehmenden Dauer der Abwesenheit „schrumpfen" die Kenntnisse in der Muttersprache, Wortschatz, grammatikalische und syntaktische Fähigkeiten, ja sogar die Aussprache verflüchtigen sich. In der Linguistik und der Neurophysiologie bezeichnet man diesen Prozess als so genannte „Attrition". Dieser Vorgang, so berichten viele, die länger oder gar für immer außerhalb ihrer eigentlich erlernten Muttersprache leben, ist zunächst mit einer ganz persönlichen Verunsicherung verbunden. Denn der schrittweise Verlust der „eigenen" Sprache bringt zugleich einen teilweisen Verlust der Identität mit sich. Man muss sich erst daran gewöhnen, dass man plötzlich in einer eigentlich fremden Sprache denkt, spricht, schreibt und träumt. Natürlich vergisst und verlernt man seine Sprache nicht völlig, doch auch in der Bi- oder Multilingualität erweist sich am Ende eine Sprache als die stärkere und gewinnt schließlich die Oberhand im persönlichen Sprachen-Wettbewerb.

Lassen Sie mich noch einmal auf den von Roland Kaehlbrandt beschriebenen Verlust an Differenzierung zurückkommen. Dieser Schwund an Originalität und Unverwechselbarkeit lässt sich auch von jedem beobachten, der die Welt bereist. Längst finden sich beispielsweise die Luxusmarken Armani, Gucci, Dior, Chanel, Louis Vuitton oder Rolex unterschiedslos in den Auslagen der Mode- und Kaufhäuser in Paris, Frankfurt, London, New York, Mailand, Moskau, Mumbai, Peking, Buenos Aires oder Sydney. Gleiches gilt für McDonald´s, Coca Cola, Automarken wie Honda, Hyundai, VW,

BMW, Mercedes, Citroen oder Fiat und teilweise auch schon für die international operierenden Supermarktketten. Zugleich können wir weltweit die identischen Fernsehprogramme empfangen, die internationalen Pop-Hits hören und rund um den Erdball Hollywood- oder Bollywood-Filme sehen.

Es gibt noch einen anderen Aspekt, der diesen Prozess des Zusammenrückens der Welt, den man auch „Globalisierung" nennt, mit bewirkt, nämlich die englische Sprache als das weitverbreitete Verständigungsmittel. In der Zeitung „Die Welt" wird dieses Phänomen an nicht alltäglichen Beispielen beschrieben: „Wir können in Venedig ein Zimmer ohne unser Opernitalienisch buchen, in Lima nach dem Weg fragen und in Kyoto an einer Führung durch den kaiserlichen Garten teilnehmen". (14)

Die Welt ist auf dem Weg zur Austausch- und Verwechselbarkeit, wo einst Originelles, Unverwechselbares, Typisches und Spezielles dominierten.

Warum sollen dann ausgerechnet die Sprachen eine Ausnahme von dieser Entwicklung machen?

Man könnte es als eine Ironie des Schicksals bezeichnen, dass ausgerechnet der Mitbegründer der Germanistik, Jacob Grimm, bereits 1851 in seinem Vortrag „Über den Ursprung der Sprache" weit- und scharfsichtig analysierte: „Das Englische hat als Sprache die größte Kraft und Stärke, es ist die einzige Weltsprache". (15) Der Schweizer Kulturhistoriker Jacob Burckhardt stimmte mit Grimm überein, als er 1874 die „kommende Weltherrschaft der englischen Sprache" weissagte. Aus dieser Prophezeiung leitete er sogar den resignativen Vorschlag ab, „die Rettung deutschgeschriebener Bücher kann nur ihre Übersetzung ins Englische sein". (16)

Was er im 19. Jahrhundert als ein „Must be" erkannt haben wollte, darf natürlich ernsthaft und grundsätzlich nur ein „No go" sein. (Die Amerikaner sagen übrigens „No-No"). Doch zumindest in der Welt der Wissenschaft fährt der Sprach-Zug ganz deutlich in diese Richtung.

Der Dramatiker Rolf Hochhuth hat in seiner Dankesrede anlässlich der Verleihung des „Jacob-Grimm-Preises" 2001 auf diese Entwicklung Bezug genommen:

„Der Börsenverein des Deutschen Buchhandles hat mich im Oktober darüber informiert, dass Deutschsprachige im Jahr 2000 5.519 Bücher aus dem Englischen übersetzt haben, doch Englischsprechende aus dem Deutschen nur 248 Bücher. Wir haben 2058 belletristische Werke aus dem Englischen übersetzt – die Englischsprechenden von uns 38!". (17)

Ein Schelm, wer Böses dabei denkt.

Von wegen „mia san mia".

Daran sind aber nicht anonyme fremde, böse Mächte schuld, sondern es liegt zu einem großen Teil auch daran, dass wir Deutschen in der Haltung, unsere Sprache gezielt, unterwürfig und dazu noch stolz zu verleugnen, konkurrenzlos führend sind.

Wer Anglizismen nutzt und sie leicht, spielerisch, tändelnd und ohne die Notwendigkeit zur Präzision in seine Reden einstreut, der will den Eindruck vermitteln, er sei besonders modern, kreativ, locker, innovativ, souverän und vor allem weltoffen und auf der Höhe der Zeit.

Spießigkeit war früher, jetzt heißt es „Save the date" für die neue Zeit und ihre – wirklichen und scheinbaren – Anforderungen.

Zu dem Wahn der ständigen Erreichbarkeit und des umfassend abrufbaren Wissens durch Internet, Smartphone, Twitter, Facebook, Applikationen („Apps"), YouTube, iPhones oder iPads, die unser Privat– und Berufsleben perfekt organisieren, kommt der schöne Schein der sprachlichen Omnipotenz, der schöne Schein des angeblich Polyglotten, der sich nur allzu oft als Pidgin-English entpuppt.

Wie leicht der Gebrauch des Denglischen bedrohlich in die Nähe der Realsatire gelangen kann, zeigt ein Beispiel aus der deutschen Parteienlandschaft. So erhob im Jahre 2015 die FDP allen Ernstes die schöpferisch-geniale Wortkombination „German Mut" zum Motto ihres Bundesparteitags; dazu gehört wirklich eine große Portion germanischen Mutes. Regelrecht peinlich und schlüpfrig wird es, wenn man die umgangssprachliche Bedeutung von „mut" betrachtet. Sie lautet nämlich Vagina oder „Muschi".

Der FDP-Vorsitzende Christian Lindner betonte ausdrücklich, dass „German Mut" der Dreh- und Angelpunkt der freidemokratischen Haltung sei.

"... die wissen will, wieviel in diesem Bordell eine "german mut" pro Stunde kostet!"

Dies war zumindest eine äußerst kreative Definition des Liberalismus. Lindners Aussage zeigt zweierlei: Zum einen belegt es, dass Deutschland eine liberale Demokratie und Opportunismus nicht strafbar ist, und zum anderen zeigt es auch, wie rasant sich die „neue" FDP von der „alten" ihres früheren Vorsitzenden Guido Westerwelle abgesetzt hat.

Der hatte noch 2009 als Außenminister eine Kampagne mit dem Titel „Deutsch – Sprache der Ideen" ins Leben gerufen und sich während einer Pressekonferenz geweigert, auf eine in englischer Sprache gestellte Fragen zu antworten.

Wir werden beobachten, ob dieser Neustart - die FDP würde sicher von „Relaunch" oder einem neuen „Brand" reden – auch erfolgreich sein wird.

Sprache als ein Imponiergehabe. Wer es meint, nötig zu haben, der soll dieses Mittel auch nutzen. Des Kaisers neue Sprach-Kleider lassen grüßen.

Auch ein ehemals als Wunderkind der Wirtschaft gepriesener Manager mit allerdings wechselndem Erfolg verleugnete seine Muttersprache so schnell, als sei er auf der Flucht aus der biederen, langweiligen Welt von Bielefeld und Karstadt in das Flair von Saint Tropez und der weltmännischen Hedge-Fonds; es war der Global Player Dr. Thomas Middelhoff, der sich selbst in der Euphorie der New Economy und in aller Überheblichkeit als einen Amerikaner sah, der gerade in Deutschland zu tun hat und sich mit einer solchen Formulierung aus seiner deutschen Sprachidentität verabschieden wollte. Wir wissen seit der griechischen Tragödie, dass menschliche Hybris sehr grausam bestraft werden kann. Als wäre dieser Mythos noch aktuell, war es nur konsequent, dass bald auf Middelhoffs

sprachliche Bankrotterklärung die finanzielle Insolvenz folgte.
Aber dies ist vielleicht wirklich bösartig.

Bleiben wir noch einen Augenblick in der berauschenden Welt des Kapitals und der großen finanziellen Summen. Vielleicht ist dem einen oder der anderen der Name Hilmar Kopper noch ein Begriff. Er war zwischen 1989 und 1997 Vorstandssprecher der Deutschen Bank und ist nie durch übertriebene Bescheidenheit aufgefallen. In einer Pressekonferenz bezeichnete er die Summe von 50 Millionen D-Mark als „Peanuts" und produzierte damit das „Unwort des Jahres". Der Kommentar meiner Oma dazu wäre sicher versöhnlich ausgefallen: „Dafür muss eine Bauersfrau im Vogelsberg aber lange stricken". Recht hätte sie.

Wer sich mit Nullen im Leben generell schwer tut, der sollte bei seinen „Peanuts"-Milliarden-Deals" mit England besonders vorsichtig sein. Unsere Milliarde ist dort „a billion", also geringfügig tausendmal mehr.

Wer im Bankensystem erfolgreich sein will, der könnte sich bei Hilmar Kopper Rat holen. In seiner nicht gerade volkstümlichen, eher bürgerfernen Art beschrieb er 2007 in der „Süddeutschen Zeitung" das Erfolgsrezept eines Bankers: „... jeder muss im job permanently seine intangible assets mit high risk neu relaunchen und seine skills so posten, dass die benefits alle ratings sprengen, damit der cash-flow stimmt. Wichtig ist corporate-identity, die mit perfect customizing und eye-catchern jedes Jahr upgedated wird". (18)
Da bleiben weder Fragen offen noch Augen trocken.

In dieses Bild des Sprach-Kuddelmuddels, der wissenschaftlich als Code- Switching bezeichnet wird, passt es auch, wenn sich ausgerechnet die Deutsche Bank drei Jahre lang mit Anshu Jain einen britischen Bankmanager indischer Herkunft als Chef leistete, der es in den 17 Jahren seiner Zugehörigkeit zur Deutschen Bank nicht für nötig hielt, die deutsche Sprache zu erlernen. Vielleicht ist dies von einem Spitzenmanager zu viel verlangt, weil er ja so viel zu tun hat, aber eigentlich erwartet man das Erlernen der deutschen Sprache doch schon von jedem Migranten als eine der wesentlichsten Voraussetzungen gelungener Integration. An die Folgen menschlicher Hybris in der griechischen Tragödie habe ich bereits erinnert, sie trafen auch Anshu Jain, der nach drei Jahren seinen Hut nehmen musste. Übrigens wurde im Oktober 2015 der Vorstand der Deutschen Bank nahezu komplett ausgetauscht. Das Ergebnis: Im Zentrum steht erneut ein Brite, und es gab noch nie so wenig Deutsche in dem Gremium.

Der Journalist Heinz-Jörg Graf hat in einem Beitrag für den Deutschlandfunk „Wie deutsche Unternehmen ihre Muttersprache vernachlässigen" ein gruselig-wunderbares Beispiel für eine unverständliche unternehmensphilosophische Sprachmischung, das „Bad Simple English" (BSE), formuliert: „Wir haben Leute, die den Markt betrachten, über ein Scoring zu einem Rank kommen, so dass man sich aus diesem Research-Universum ein Portfolio zusammenstellen kann". (19)

Hilmar Kopper lässt grüßen. Da wird es einem schwindlig und schwarz vor Augen. Land unter für die deutsche Sprache, sie sendet SOS.

Und die Symptome für die Erkrankung unserer Sprache nehmen rasant zu. Nach einer Studie der Universität Hannover fand sich im Jahre 1980 unter einhundert der am meisten verwendeten Wörter in einer deutschen Rede lediglich ein englischer Ausdruck, im Jahre

2004 waren es bereits dreiundzwanzig; Tendenz steigend. Sind dies Zeichen einer Resignation gegenüber der scheinbaren Überlegenheit des Anglo-Amerikanischen, ist es Anbiederung, ist es gar Kapitulation oder vielleicht ein wenig von allem?

Bye, bye, ihr Native Speaker. Ist jetzt wirklich schon „Deutschland for sale", wie der „Spiegel" (20) mutmaßte, und ist Deutsch auf dem bedauernswerten Weg zu einer „Backstage-Sprache", während auf der Weltbühne längst das Anglo-Amerikanische das Spiel beherrscht ?

Der wirtschaftliche Export-Weltmeister ist zum sprachlichen Import-Weltmeister geworden.

Der Sprachkritiker Dieter E. Zimmer hat untersucht, in welcher Weise verschiedene europäische Sprachen auf hundert der meistgebrauchten Begriffe aus der Computerwelt reagiert haben. Das Ergebnis ist ebenso eindeutig wie ernüchternd für uns.

„ Die Finnen legen den größten Wert darauf, eine Entsprechung in ihrer Sprache zu finden; dreiundneunzig der hundert Wörter klingen nicht englisch, sondern finnisch. Die Franzosen folgten mit sechsundachtzig Wörtern, die Polen mit zweiundachtzig, die Spanier mit achtzig, und die Deutschen landeten mit siebenundfünfzig Wörtern weit abgeschlagen auf dem vorletzten Platz, unterboten nur von den Dänen mit zweiundfünfzig Wörtern."

Zimmers Analyse gerät zur alarmierenden Diagnose: „Wer will, mag daraus ableiten, dass Finnisch, Französisch, Polnisch und Spanisch die intaktesten europäischen Sprachen sind und Dänisch und Deutsch die kaputtesten."

Der Blick auf den Patienten deutsche Sprache bestätigt den traurigen Befund.

Es gab Zeiten, da hatten wir offenbar noch die Kraft und das Selbstbewusstsein, eigene Begriffe zu prägen. Da waren das „pocket book" im Deutschen selbstverständlich das Taschenbuch, die „location" der Veranstaltungsort, man entspannte sich einfach, statt zu „relaxen", und der „lifestyle" hieß noch Lebensstil. Diese Mühe, durch eigene deutsche Wörter der Flut der Anglizismen zu trotzen, machen wir uns schon lange nicht mehr. So bleibt es auch im Deutschen bei dem Ausdruck „mountain bike", ohne überhaupt nur den Versuch zu wagen, „Bergrad" zu sagen oder einen anderen deutschen Ausdruck zu finden.

"Sein Deutsch ist schrecklich!" - "Sein Englisch auch!"

Wir treffen uns nicht mehr, wir haben ein „Meeting" in einer reizvollen „Location" in der „Green City" Freiburg, moderne „Events", seien sie „outdoor" oder „indoor", haben beispielsweise den Titel „Bruno meets Politik".

Wenn in einem „Workshop" ein „Keynote speaker" als „Highlight" anhand einer „Power-Point-Präsentation" und anhand von „Handouts" in einer „Dinner speach" die „Unique selling points" des Unternehmens in einem „coolen Wording" vorträgt und sich an diese „Performance" noch ein „Get together" anschließt, bei dem „homemade fingerfood" gereicht wird, dann können sie sicher sein, dass dieses „Top-Event" mit größter Wahrscheinlichkeit in einem deutschen Unternehmen stattfindet.

Auch in diesem Fall gilt: „Save the Date". Oder wie wäre es einmal mit der viel netteren Formulierung: „Bitte, merken Sie sich diesen Termin vor"?

Auch hier stellt sich die Frage: „Best practice" oder „Worst Case"?

Auf jeden Fall sind dies Zeichen einer verrückten Welt im wahrsten Sinne des Wortes, denn die Koordinaten der Sprachkultur und des Sprachgefühls sind offensichtlich ver-rückt. Der Jargon des Unscharfen und die Sprache der Beliebigkeit sind auf dem Vormarsch. Der große Erfolg des Sprachkritikers Bastian Sick mit seinen inzwischen fünf Bänden von „Der Dativ ist dem Genetiv sein Tod" (21), „der erfolgreichsten Rechtschreib– und Grammatik-Saga aller Zeiten", so die Verlagswerbung, der mit seinen Büchern und seinen Lesungen ein Millionenpublikum erreicht, zeigt, dass es bei vielen Menschen inzwischen zunehmend ein feines Gespür für den traurigen, morbiden Zustand unserer Sprache gibt.

Das belegen auch unterschiedliche Umfragen zu dem Thema „Denglisch". „Forsa" hat beispielsweise 2008 ermittelt, dass es jeden zweiten Bundesbürger stört, wenn im Alltag ein Sprach-Mischmasch aus Deutsch und Englisch gesprochen wird. Bei den über 60-Jährigen waren es sogar 70 Prozent.

Auf die Frage: „Sollten die Deutschen deutsch-englische Mischwörter wie „brainstormen" oder „Automaten-Guide" im Sprachgebrauch vermeiden?", antworteten im Jahre 2006 immerhin 74 Prozent mit ja und nur 23 Prozent mit nein (TNS Infratest).

Umfassende Beliebtheit sieht anders aus.

Übrigens: Falls Sie am 21. Februar dieses Jahres noch nichts vorhaben, schlage ich vor, mit Ihrer Familie und Ihren Freunden noch einmal so richtig Deutsch zu sprechen, wie Ihnen der Schnabel gewachsen ist, denn die UNESCO hat dieses Datum zum „Tag der Muttersprache" bestimmt. Also: „Save the date." Oder wie wäre es an diesem Tag mit einer Verlobung?

c Markus Grolik

II.   …dass keiner des anderen Sprache verstehe!

Begonnen hat alles mit dem bekannten, im ersten Buch Moses beschriebenen Gleichnis vom Turmbau zu Babel, das zwar nur lediglich neun Zeilen lang ist, aber eine gewaltige Wirkung erzielt hat.

Mit ihm nahm das Verhängnis seinen Lauf. Dort steht geschrieben, dass zunächst die Welt noch in bester sprachlicher Ordnung war, denn „es hatte aber alle Welt einerlei Zunge und Sprache." Doch dieser paradiesische Zustand der so genannten adamistischen Sprache blieb nicht lange erhalten, denn Gott bestrafte den Hochmut der Turmbauer, indem er ihre Sprache verwirrte, so „dass keiner des anderen Sprache verstehe!". Dem verantwortlichen König Nebukadnezar II. gelang sogar ein Karrieresprung als Held in Verdis Oper „Nabucco".

Lange Zeit galt die „Sprachverwirrung" als eine linguistische Niederlage der Menschheit. Abseits der biblischen Überzeugung geht auch die Theorie des amerikanischen Linguisten Merritt Ruhlen (22) davon aus, dass der Ursprung uns aller bekannten Sprachen auf eine gemeinsame Ursprache zurückgeht. Ob das Buch Moses und Merritt Ruhlen Recht haben, sei dahin gestellt, auf jeden Fall entstanden im Laufe der Menschheitsgeschichte unterschiedliche Sprachen, Dialekte und Idiome. Es war der Beginn der „babylonischen Sprachverwirrung", die wir seit ehedem als eine Strafe Gottes für die menschliche Hybris verstehen. Der italienische Wissenschaftler und Erfolgsschriftsteller Umberto Eco („Der Name der Rose", „Das Foucaultsche Pendel") weist auf die bereits seit dem Mittelalter bis in die Neuzeit diskutierte Frage hin, ob es denn wirklich ein Fluch oder nicht eher ein Segen gewesen sei, dass die verschiedenen Völker dieser Erde verschiedene Sprachen sprechen. Auch Jutta Limbach, die ehemalige Präsidentin des Bundesverfassungsgerichts sowie des Goethe-Instituts, relativiert die Interpretation des alttestamentarischen Gleichnisses und weist darauf hin, dass man die Entstehung der unterschiedlichen Sprachen auch als „intellektuellen Reichtum" und als positive „Sprachenvielfalt" werten könne. Daraus entwickelt sie ein Plädoyer für den Erhalt möglichst vieler unterschiedlicher Sprachen: „In Schrift gekleidet, tradiert die Sprache das kulturelle Erbe der Menschheit". (23)

Im „Tagesspiegel" sieht auch Christine Boldt die Sprachverwirrung als „Segen": „Die Wissenschaften freilich, vornehmlich die Philologien, profitieren von der post-babylonischen Polyphonie. Die Vielzahl und Vielfalt der Sprachen empfinden sie nicht als Verwirrung, sondern als Reichtum". (24)

Danach sind wir zumindest wenigstens ein bisschen reich. Noch zählen wir gegenwärtig auf der Erde etwa knapp siebentausend unterschiedliche Sprachen, wobei allerdings die Hälfte der Menschheit nur noch 19 verschiedene Sprachen nutzt (25), von denen bis zum Ende des Jahrhunderts bis zu achtzig Prozent vom Aussterben bedroht sein könnten, wenn man der pessimistischen Prognose des mexikanischen Sprachwissenschaftlers Rainer Enrique Hamel Glauben schenkt. (26) Vielleicht befinden wir uns ja schon auf dem Weg zurück in die einsprachige Zukunft, die vor dem anmaßenden Turmbauversuch von Babylon herrschte.

Das beträfe dann auch die deutsche Sprache, die im Vergleich zum Römischen und Griechischen oder gar zum Assyrischen eher zu den jüngeren ihrer Art gehört. Erst mit dem Einsetzen schriftlicher Überlieferungen im 8. Jahrhundert, dem christlichen Reich Karls des Großen, kann eigentlich von einer deutschen Sprache gesprochen werden, als sich der Übergang vom Germanischen zu den Anfängen des Deutschen, dem Althochdeutschen, vollzog. In dieser Zeit entstand ein lateinisch-althochdeutsches Wörterbuch, der „Abrogans", der als das älteste in deutscher Sprache bekannte Buch gilt. Aber erst die Erfindung des Buchdrucks bildete die wesentliche Voraussetzung für die Entwicklung einer deutschen Gemeinsprache, die untrennbar mit dem Namen Martin Luthers verbunden ist. Seine berühmten 95 Thesen, mit denen er im Grunde die Reformation einleitete, waren noch in lateinischer Sprache verfasst. Doch bereits ein Jahr später, als er sich entschieden hatte, für das „Volk" auf Deutsch zu schreiben und den „Sermon von dem Ablass und der Gnade" veröffentlichte, leitete er den Siegeszug der deutschen Sprache ein, lange bevor es eine deutsche Nation gab. Dieses Erbe Luthers sollte bewahrt werden, und es waren überwiegend Dichter und Philosophen, die sich dies zur Aufgabe machten und Wörter aus anderen Sprachen als Bedrohung sahen. So rief der Aufklärer Johann Georg Herder beschwörend aus: „Wehe unserer Sprache, wenn Fremdwörter ein Muster des Geschmacks werden". (27) Doch war er beileibe nicht der einzige aus der Gilde der intellektuellen Sprachschützer.

Im Bewusstsein des Zusammenhangs von Nation und Sprache begannen die Brüder Jacob und Wilhelm Grimm, ihr „Deutsches Wörterbuch" zu schreiben, und es war für sie nur konsequent, dass sie die vermehrte Übernahme von Modewörtern aus anderen Sprachen ablehnten. „Es ist pflicht der sprachforschung und zumal eines deutschen wörterbuchs dem maszlosen und unberechtigten vordrang des fremden widerstand zu leisten". (28)

Das klang kämpferisch, wild entschlossen und kompromisslos. Der Dichter Jean Paul, der zu Beginn des neunzehnten Jahrhunderts die große Zahl an französischen Ausdrücken als unangemessen empfand, bezeichnete die deutsche Sprache als die „Orgel unter allen Sprachen". Wenn wir dieses klangvolle Bild übernehmen, dann gab und gibt es offensichtlich durch andere Sprach-Instrumente einige Misstöne, die den reinen Klang der deutschen Orgelmelodien beeinträchtigen.

Welche Argumente auch immer angeführt werden, um die deutsche Sprache vor übermäßigen Fremd-Spracheneinflüssen zu schützen, es geht nicht darum, den sprachlichen Untergang unseres Heimatlandes an die Wand zu malen oder an die Traditionen der Sprachgesellschaften vergangener Jahrhunderte anzuknüpfen. Es geht nicht um zwanghafte sprachpuristische Bemühungen, die eine Pistole in einen „Meuchelpuffer", das Echo in einen „Talmund", das Fieber in ein „Zitterweh", einen Schornstein in einen „Dachschnauber" oder gar ein Kloster in einen „Jungfernzwinger" verwandeln wollen.

Aber der Verlust an aktiver Sprachkultur und eine Verlotterung unserer Sprache sind nicht zu übersehen. Warum sollte man sie einfach im Sinne Jacob Grimms, ohne „widerstand zu leisten", hinnehmen?

III.   Die SMS-Sprache: LAMAWI oder Lach´ ´mal wieder.

Im August des Jahres 2015 standen in den Bestsellerlisten der USA zwei „Malbücher für Erwachsene" der schottischen Designerin Johanna Basford auf den Plätzen eins und zwei. Ihre Titel tragen so anheimelnde Namen wie „Enchanted Forest" (Zauberwald) oder „Secret Garden" (Mein verzauberter Garten).

„Ja, geht´s noch?", könnte man da fragen und vorschnell mit dem Zeigefinger der Überheblichkeit auf die Amerikaner zeigen, von denen wir ja schon immer gewusst haben, dass sie infantil und außerdem Kulturbanausen sind.

Aber Vorsicht, so viel besser sind wir in Deutschland auch nicht, vielleicht nur noch nicht so schnell. Denken wir an die widerstandsfähige Durchsetzungskraft der Anglizismen, dann können wir ungefähr ermessen, wann uns auch dieser Trend aus dem Anglo-Amerikanischen in voller Wucht erreicht haben wird.

Und wirklich, es gibt dieses absurde Phänomen der Malbücher für Erwachsene auch schon bei uns. Die entsprechenden Werke lauten beispielsweise „Komm zur Ruhe. Mit friedvollen Bildern vom Alltag entspannen", „Punkt-zu-Punkt: Zaubern Sie großartige Bilder wie aus dem Nichts" oder „Blütentraum & Farbenzauber".

Lieber schweigen, als zu sprechen, lieber ausmalen, als kreativ zu sein, sind das neue Trends, in der die mündliche Kommunikation immer weiter an Boden verliert, während die digitale Kommunikation zunimmt? Diese reduzierte Form der Verständigung stellt den gegenwärtigen Höhepunkt einer Entwicklung dar, in der die Notwendigkeit, vollständig formulierte Sätze zu bilden, immer seltener wird.

Wer schreibt noch fein formulierte Briefe, die mit einer persönlichen Anrede beginnen und mit einem achtungsvollen Schluss enden? Wer weiß noch, dass es eine Briefkultur gab?

Für Johann Wolfgang von Goethe war es „ein grosses glück, wenn man korrespondirt", und er machte auch regen Gebrauch von dieser Form der Verständigung. Seine Briefwechsel mit seinem kongenialen Kollegen Friedrich Schiller gehören zu den bedeutendsten Beispielen dieser Kultur, die sich vor allem in der Romantik zu einer wahren literarischen Gattung entwickelte. In der Tradition dieser kunstvollen Korrespondenz stehen viele Prominente der Zeitgeschichte: Friedrich der Große und der französische Philosoph Voltaire, der Schriftsteller Gustave Flaubert und seine Kollegin George Sand, die Literaten Thomas Mann und Hermann Hesse oder die Schweizer Autoren Max Frisch und Friedrich Dürrenmatt.

Es ist durchaus wahrscheinlich, dass es angesichts der rasanten technischen Entwicklung bald keine handschriftlich verfassten Briefe mehr geben wird und dass damit eine lange private, geschäftliche wie literarische Tradition ihr lautloses Ende fände. Doch ist es naheliegend, dass auf die umfassende Alphabetisierung, die durch die technische Revolution des Buchdrucks erst möglich wurde, eine andere Form der Alphabetisierung durch die Revolution der digitalen Textverarbeitung folgt. Wir befinden uns schon auf dem Weg dorthin.

„Multiple-Choice"-Verfahren, Lückentests, ja-oder-nein-Fragen an den Schulen, in der betrieblichen Ausbildung und an den Universitäten degradieren die Sprache, die Grammatik und die Syntax zu einem Steinbruch, aus dem man sich bedienen kann. E-Mails werden in ihren Formulierungen lediglich noch dem Zweck und dem

Informationsgehalt untergeordnet, und von der „Schönheit" und der Ästhetik der deutschen Sprache bei SMS-Botschaften, möglichst noch mit dem System der Worterkennung getippt, schweigt man am besten gleich.

Seit dem 1992 die erste SMS in Großbritannien verschickt wurde, sind über 20 Jahre ins Land gegangen, und inzwischen wechseln in Deutschland rund 23 Milliarden Botschaften im Short Message Service jährlich den Empfänger. Dabei ist seit einigen Jahren ein Rückgang festzustellen, nachdem im Jahre 2012 die Entwicklung mit 59 Milliarden Kurznachrichten ihren Höhepunkt erreicht hatte. Aber dieser Rückgang hat wenig damit zu tun, dass sich die Handy-Nutzer wieder der traditionellen Form der Kommunikation zuwenden, sondern damit, dass neue Angebote wie Smartphone, WhatsApp oder iMessage die SMS verdrängt haben.

Auf jeden Fall bleiben diese Methoden der Kommunikation nicht ohne Folgen.

Wer ein kaltes „LG" anstatt der schönen, emotionalen Formulierung „liebe Grüße" nutzt, der hat die zwei Buchstaben zwar schneller eingetippt und arbeitet funktioneller, aber er hat sich auch der Chance beraubt, den Wortklang und das Gefühl, das in dem Versenden von „lieben Grüßen" mitschwingt, in sich aufzunehmen und weiterzugeben.

SMS-Kürzel tragen stets eine interne Komik in sich, sie sind Beispiele für eine scheinbare Sprachökonomie, aber sie sind vor allen Dingen seelenlos und vielleicht ein Anzeichen von Infantilisierung. Ob man „8ung" (Achtung), „3st!" (dreist), „velamini" (Verlass mich nicht), „bDd" (Bist Du doof), „alm" (all my love), „bab" (bussi auf's bauchi) „DUWIPA" (Du wirst Papa), „LAMAWI" (Lach´ mal wieder) simst, immer gilt dasselbe: „wsdik?" (Was soll die Kacke?). Sprache wird auf Kürzel, auch auf Smileys, reduziert und verliert damit ihren aufklärenden Charakter.

In einer Kolumne der Zeitschrift „Forum" mit dem Titel „Zu doof, „hallo" zu sagen" setzt sich der 1983 geborene Autor Christian Krauß mit diesem Phänomen kritisch auseinander: „Neulich im Internet: „ist das teil noch da" – Ich stutzte und las erneut. Tatsächlich: „ist das teil noch da" war der komplette Inhalt einer E-Mail, die ich auf Ebay Kleinanzeigen von einem möglichen Kaufinteressenten erhielt. Keine Grußformel, kein Satzzeichen, keine Großschreibung." (....) „Ich kann nicht verstehen, dass Menschen die einfachsten Anstandsregeln vergessen, nur weil sie vor einem Bildschirm sitzen." (29) Dabei geht es nicht nur um die Frage einfachster Anstandsregeln, sondern es dreht sich um eine neue Qualität der Kommunikation, die zunehmend rezeptiv, einseitig, unsozial und auch unhöflich ist.

Etwa 20 Prozent der 12 bis 19- Jährigen haben noch nie ein Buch gelesen. Elektronische Systeme wie Fernsehen, Rundfunk, CDs, Videospiele, aber vor allem das Internet sind zu beherrschenden Neuen Medien geworden und ersetzen in weiten Teilen die Kunst der mündlichen Verständigung. Wir haben immer weniger präsente Gesprächspartner, unsere zwischenmenschlichen Kontakte sind immer seltener unmittelbar, sondern durch Medien vermittelt. Daher ist es auch keine Seltenheit, wenn einige – meist jüngere – Menschen zwar zusammensitzen, aber nicht miteinander reden, weil jeder sein Handy, sein I-Phone oder sein Tablet vor sich hat und darüber kommuniziert. Die Folgen beschreibt der Hirnforscher Manfred

Spitzer: „Soziale Netzwerke stellen keine wirklichen Sozialkontakte zwischen Menschen her. Man hat es mit einem Bildschirm zu tun, nicht mit einem wirklichen Menschen". Da darf man sich auch durch die scheinbar so vertrauten Begriffe nicht täuschen lassen. Internet-Freunde, „Follower" (Anhänger, Gefolgsleute) und „likes" haben in den sozialen Netzwerken eine andere Bedeutung als im richtigen Leben, sie sind unverbindlicher, oberflächlicher, emotionsloser, leichter zu handhaben. So kommt der kanadische Pop-Sänger und Teenagerschwarm Justin Bieber auf stolze 7,9 Millionen „Follower" bei Twitter. Wer kann schon ernsthaft von sich behaupten, er habe knapp 8 Millionen echte Freunde? Es liegt sehr nahe, dass diese neue Form der mittelbaren Kontakte soziale Folgen haben muss. Doch die Konsequenzen reichen sogar noch weiter und betreffen auch die Lernvorgänge, wie der Autor von „Digitale Demenz" erläutert: „Geistige Arbeit bewirkt Veränderung im Gehirn, und diese Veränderungen nennen wir Lernen. Wenn wir also geistige Arbeit auslagern, indem wir sie von Maschinen erledigen lassen, führt dies dazu, dass wir weniger lernen". (30) Unwillkürlich kommt mir oft bei solchen Situationen, in denen Menschen zwar zusammen sind, aber nicht miteinander kommunizieren, der Buchtitel des amerikanischen Soziologen David Riesman „Die einsame Masse" in den Sinn. Wir kennen die Situation, wenn man auf der Straße einem der Welt entrückten Menschen auszuweichen versucht, der mit gesenktem Kopf auf sein Smartphone starrt und nicht merkt, dass er fast in die Entgegenkommenden hinein läuft; ein Einsamer in der Masse. Wie schön ist es doch, mit Menschen aus Fleisch und Blut zu reden, zu diskutieren oder auch zu lachen, anstatt den Dialog mit technischen Geräten zu führen. Am Beispiel des „Chattens" , der elektronischen Internet-Kommunikation in Echtzeit, beschreibt Britta Stuff diesen modern-seltsam kommunikativen Vorgang in anschaulicher Klarheit.

„Schüler 1: Hi., Schüler 2: Hi., Schüler 3: Ho., Schüler 4 :Hi., Schüler 5: HiHo„ Schüler 6: Hat jemand schon Mathe gemacht?".
Was lernen wir aus dieser anregenden Unterhaltung der sechs Schüler?
Zum einen folgen wir Britta Stuff, wenn sie analysiert: „Es gehört zum Wesen des Chats, dass er auf Fremde lächerlich wirkt…". Da hat sie wirklich Recht.
Doch man muss diesen Eindruck schon konkretisieren: „Chatten hat der Kommunikation etwas hinzugefügt, das es vorher noch nicht gab; man schafft persönliche Momente, ohne persönlich zu werden". (31). Mit dieser scheinbaren Nähe, die jedoch bei näherem Hinsehen zur Distanz verschwimmt, steht das „Chatten" nicht alleine.
Auch eine andere Mode zeigt Tendenzen einer sich entwickelnden neuen digitalen Identität an: „Das Selfie", das es als Wort seit dem Jahre 2013 sogar in das „Oxford English Dictionary" geschafft hat. Warum fotografieren sich Menschen zunehmend selbst und bitten nicht, wie früher, andere höflich, doch einmal von ihnen eine Aufnahme zu machen? Sind dies alles Egomanen, Voyeure oder Exhibitionisten? Woher kommt diese Suche nach der Selbstinszenierung? Auf den ersten Blick scheint die Antwort klar zu sein. Es handelt sich um eine digitale Selbstdarstellung, um eine besondere Form von Narzissmus und um eine Überbetonung des Ichs. In der „Süddeutschen Zeitung" spinnt Bernd Graff diesen Gedanken weiter:

„Kann ein derart überinszeniertes Ich noch „ich" zu sich sagen?".
(32) Mit dieser Frage, die auf das Paradox der Distanz und der Nähe
zum Ich hinweist, öffnet er den Blick auf eine mögliche neue Dimension der Individualität in einer digitalen Gesellschaft.

Denn diese Individualität wird zunächst dadurch noch unterstri-
chen, dass sich das Individuum selbst auf das BIld bannt, ohne einen anderen zu bemühen. Aber die daraus scheinbar entstehende
Privatheit wandelt sich dann in eine Öffentlichkeit, da sich das selbst
inszenierende Ich im Netz selbst der Privatheit entkleidet.

Inzwischen hat sich auch der Markt des Selfiebooms angenommen.
Man kann nun sogar beim Selfie die Distanz zu sich selbst ver-
größern, indem man das Smartphone auf eine ausziehbare Stange
montiert. Vielen Dank, das haben findige, geschäftstüchtige Tüftler
möglich gemacht.

Wie weit auch schon in mancher aktuellen Bildungsdiskussion das
Internet als Kommunikationsmedium dominiert, zeigt ausgerechnet
das ehemalige Pisa-Musterland Finnland. Dort besteht die feste Absicht, die Schüler nicht mehr mit der Hand schreiben, sondern sie
Texte in die Tastatur des Laptops tippen zu lassen. Die über diese
Absicht der Finnen entbrannte Diskussion unter Bildungswissen-
schaftlern und pädagogischen Schulpraktikern, in der es vorrangig
um die Entwicklung der Feinmotorik und der kognitiven und koor-
dinierten Fähigkeiten geht, zeigt: The Devil lies in the Detail.

Die Schule ohne Handschrift wäre ein revolutionärer kultureller
Akt der Skandinavier. Aber bemerkenswert an dieser „Kultur-Re-
volution" ist ein anderer Aspekt: der offensichtliche Sieg der In-
ternet-Technik über die traditionelle, elementare Kultur-Technik

des Schreibens. Der nahezu konkurrenzlose Gebrauch des Netzes, die Entstehung der weltweit wirksamen elektronischen Medien und vor allem die Verbreitung des „World Wide Web" (WWW) bleiben nicht ohne Konsequenzen. Sie setzen auf der einen Seite eine globale Einheitssprache geradezu notwendig voraus und führen andererseits in der Konsequenz zu ihr; und so bilden die Anglizismen zugleich Ursache und Wirkung.

In seinem Buch „Der programmierte Mensch. Wie uns Internet und Smartphone manipulieren" (33) liefert Thomas R. Köhler selbst ein gutes Beispiel für die sprachliche Umerziehung durch die neue Kommunikationsform, die uns „immer online, immer in Kontakt mit anderen" sein lässt. Um den Jargon der neuen, schönen digitalen Welt zu enträtseln, benötigt er ein „Glossar" von elf Seiten, das von „App" über „Crowdsourcing" und „Gamification" bis „Yammer" reicht.

Wer immer sich in Anglizismen flüchtet, für den besitzt Sprache in erster Linie eine synchronische, kommunikative Funktion, er nutzt sie im direkten Wortsinne, weil für ihn ausschließlich der Nutz- und Gebrauchswert der Sprache im Vordergrund steht. Dies geschieht in den meisten Fällen völlig unbewusst und ohne jede Absicht. Aber dabei verkennen diese Sprach-Nutzer, dass Sprache immer auch in einem historischen Zusammenhang betrachtet werden muss. Sie verkennen, dass die Botschaft der Wörter immer auch Werte, Gefühle, Traditionen und eine Geschichte verkörpert, dass sie ein Gedächtnis der Völker ist. Für Martin Heidegger galt: „Die Sprache ist das Haus des Seins. In ihrer Behausung wohnt der Mensch". (34)

Greift man diese Metapher auf, so muss man feststellen, dass offensichtlich viele Deutsche sich zunehmend in verschiedenen Wohnungen zuhause fühlen.

c Harm Bengen

IV. „Mit dem Tod jeder Sprache stirbt eine Welt"

Der grundsätzlichen Frage nach dem Zusammenhang und der Kausalität von Sprache und Bewusstsein haben schon viele kluge Köpfe nachgespürt.

Einer dieser bedeutenden Gelehrten war Wilhelm von Humboldt, der von der generellen "Untrennbarkeit des menschlichen Bewusstseins und der menschlichen Sprache" ausging, und annahm, dass es kein Bewusstsein ohne Sprache geben könne. In seinen „Schriften zur Sprache" (35) vertrat er die Überzeugung, dass „das Denken (…) nicht bloß abhängig von der Sprache, sondern, bis auf einen gewissen Grad, auch von jeder einzelnen bestimmten", ist. Das heißt nicht mehr und nicht weniger, als dass es für Humboldt sogar einen „Nationalcharakter der Sprachen" gibt. Damit stand er nicht allein, denn auch für Goethe war klar, dass sich die Seele eines Volkes in der Sprache ausdrücke.

Dieses einende Band, das die Nation, die Sprache und die Literatur zusammenhält, beschrieb auch Jacob Grimm. „Was haben wir denn gemeinsames als unsere sprache und literatur?". Für ihn konstituiert erst die Sprache eine Nation: „ein volk ist der inbegriff von menschen, welche dieselbe sprache sprechen"(36). Deshalb wollten die Brüder Grimm auch mit ihrem „Deutschen Wörterbuch" ein Werk schaffen, durch das „der ruhm unserer sprache und unsers volks, welche beide eins sind, … erhöht werde".(37) Es ist natürlich kein Zufall, dass ihr Zeitgenosse Ernst Moritz Arndt, der, wie auch Jacob Grimm, Mitglied der Frankfurter Nationalversammlung von 1848 war, ebenfalls diesen Gedanken verfolgte. „Ein geistigeres und innigeres Element als die Sprache hat ein Volk nicht. Will also ein Volk nicht verlieren, wodurch es Volk ist, will es seine Art mit allen Eigentümlichkeiten bewahren, so hat es auf nichts so sehr zu wachen, als daß ihm seine Sprache nicht verdorben, zerstört werde". (38) Das Bewusstsein eines engen Zusammenhangs zwischen der Sprache und der Nation gehörte in diesen Jahren zur selbstverständlichen Überzeugung und zieht sich wie ein roter Faden durch die philosophischen Gedanken dieser Epoche.

Für den Meister des Pessimismus´ und Zeitgenossen Ernst Moritz Arndts und der Brüder Grimm, Arthur Schopenhauer, war dieser Zusammenhang ebenfalls klar: „Aber die Sprache um ein Wort ärmer zu machen heißt das Denken der Nation um einen Begriff ärmer zu machen". (39) Diese Unterscheidung zwischen Wort und Begriff ist für Schopenhauers Denken von Bedeutung. Nach seiner Überzeugung müsse man beim Erlernen einer neuen, fremden Sprache „ganz neue Sphären von Begriffen in seinen Geist abstecken: mithin entstehn Begriffssphären wo noch keine waren. Man erlernt also nicht bloß Worte, sondern erweckt Begriffe" (40), die es möglicherweise in der eigenen Sprache nicht gibt.

Phänomenal ist auch die Vorausschau Schopenhauers, der seinen philosophischen Grundsatz, dass alles Leben Leiden sei, entwickelte, ohne die Bekanntschaft mit dem Denglischen gemacht zu haben. Mit Sicherheit hätte er dem Denglisch- Kauderwelsch seine Gedanken „von der Nichtigkeit des Daseyns" entgegen geschleudert.
In der Erkenntnis des Zusammenhangs von Sprache und Nation waren die Wissenschaftler des 19. Jahrhunderts modern, denn dieser Gedanke hat sich bis in die Gegenwart gehalten. Auch die En-

quete-Kommission des Deutschen Bundestags „Kultur in Deutschland" hat die Sprache als „das prägende Element der deutschen Identität" bezeichnet.

Die Vertreter dieser Idee aus dem 19. Jahrhundert fanden auch Unterstützer in amerikanischen Linguisten des 20. Jahrhunderts, von denen Edward Sapir und Benjamin Worf (41) mit ihrer Vorstellung von der sprachlichen Relativität ihren Überzeugungen am nächsten kamen. Sie waren auf Grund von Beobachtungen und Untersuchungen verschiedener Eingeborenensprachen in ihrer – nicht unumstrittenen – Hypothese zu dem Ergebnis gekommen, dass sich bestimmte Gedanken nur in bestimmten Sprachen formulieren und verstehen lassen. Damit folgen sie im Grunde der Erkenntnis Humboldts von einem differenzierten nationalen Charakter der Sprache.

Daraus zieht die Muttersprache, wie wir die Nationalsprache emotional wärmer nennen, auch ihre eigene Kraft und Bedeutung. Mit der bildhaften Sprache der Dichterin formuliert die Literatur-Nobelpreisträgerin Herta Müller deren spezifisches Wesen: „Die Muttersprache hat man fast ohne eigenes Zutun. Sie ist eine Mitgift, die unbemerkt entsteht. (…) Die Muttersprache ist momentan und bedingungslos da. Fast wie die eigene Haut. Und genauso verletzbar wie diese, wenn sie von anderen gering geschätzt, missachtet oder gar verboten wird". (42) Bei uns liegen die Verletzung und Geringschätzung deshalb noch tiefer, weil sie nicht von anderen, sondern von uns selbst verursacht werden.

Dieser Charakter der „Mitgift, die unbemerkt entsteht", wie Herta Müller formulierte, wird durch Forschungsergebnisse des Max-Planck-Instituts für „Kognitions- und Neurowissenschaften" in Leipzig bestätigt. Danach schreien Babys in verschiedenen Sprachen, weil sie bereits während der Schwangerschaft von der Sprache der Mutter geprägt werden. (43)

Den Schatz Muttersprache beschrieb schon Friedrich Schiller. „Wie menschlich Menschen sind, zeigt ihr Umgang mit der Muttersprache".

Mit weniger Pathos, aber sehr lebenspraktisch erklärte der Schauspieler Jean Paul Belmondo das Phänomen: „Auch ein Mensch, der zwanzig Sprachen beherrscht, gebraucht seine Muttersprache, wenn er sich in den Finger schneidet".

Also Vorsicht beim Umgang mit scharfen Messern.

Aber kommen wir zurück zu dem Zusammenhang von Sprache und Bewusstsein, die zwei Seiten einer Medaille sind.

Damit haben wir einen wesentlichen Einstieg in die linguistische Erklärung der individuellen Bedeutung von Sprachen vollzogen, denn im Ergebnis ließe sich aus dieser Logik schließen, dass es kein Bewusstsein ohne Sprache geben kann und dass die Sprache eine unverzichtbare Vorbedingung für die Subjektivität oder das „Ich" darstellt. Wilhelm von Humboldts Begriff der „Weltansicht" beschreibt diese Logik. Der israelische Linguist Guy Deutscher stellt in der Folge dieser Logik die Frage, „warum die Welt in anderen Sprachen anders aussieht"? (44) In dieser geistigen Reihe steht auch der österreichische Sprach-Philosoph Ludwig Wittgenstein, für den „die Grenzen meiner Sprache … die Grenzen meiner Welt (sind)".

Der Poet Bas Böttcher hat in seinem Gedicht „Die Macht der Sprache" diesen Zusammenhang von Ich, Sprache und Welt-Grenze poetisch beschrieben: „ Und lerne ich eine Sprache neu kennen, dann lehrt mich die Sprache, mich neu zu kennen". (45)

Will man diesen Gedanken einen Schuss pathetischer, dann kann man Mathias Schreiber zitieren: „ Mit dem Tod jeder Sprache stirbt eine Welt". (46) Bliebe am Ende des Prozesses lediglich noch eine Weltsprache übrig, dann würde dies zu einer Uniformität der „Weltansicht" führen.

Dies ist wirklich keine ermutigende Vorstellung.

1945 schrieb Dolf Sternberger in seiner „Vorbemerkung" zum „Aus dem Wörterbuch des Unmenschen": „Soviel und welche Sprache einer spricht, soviel und solche Sache, Welt oder Natur, ist ihm erschlossen. Und jedes Wort, das er redet, wandelt die Welt, worin er sich bewegt, wandelt ihn selbst und seinen Ort in dieser Welt. Darum ist nichts gleichgültig an der Sprache, und nichts so wesentlich wie die façon de parler". (47)

Das klingt sehr abstrakt und philosophisch. Konkret verständlich wird dieser Gedankengang an einem Textbeispiel aus George Orwells negativer Utopie „1984".

In diesem utopischen Roman manipuliert der „Große Bruder" durch die Entwicklung des „Neusprech" nicht nur die Sprache seiner Untertanen („KRIEG BEDEUTET FRIEDEN - FREIHEIT IST SKLAVEREI - UNWISSENHEIT IST STÄRKE"), sondern wegen des Zusammenhangs von Sprache und Denken wird auch der Zugriff auf deren Gedanken möglich, worüber die Gedankenpolizei akribisch wacht.

„Siehst du denn nicht, daß die Neusprache kein anderes Ziel hat, als die Reichweite des Gedankens zu verkürzen? Zum Schluß werden wir Gedankenverbrechen buchstäblich unmöglich gemacht haben, da es keine Worte mehr gibt, in denen man sie ausdrücken könnte", erklärt der linientreue Syme dem „geistigen" Widerständler Winston Smith. Linienverlängert gedacht führt diese Manipulation der Sprache mit der Wirkung auf das Denken zu einem für das totalitäre Regime des „Engsoz" wünschenswerten Ergebnis: „Mit jedem Jahr wird es weniger und immer weniger Worte geben, wird die Reichweite des Bewußtseins immer kleiner und kleiner werden". (48) Diese Methode offenbart, welche Rolle die „Sprache als letzter Hort der Freiheit" (49) spielen kann, doch es wird auch klar, was es heißt, wenn die Unterschiede eingeebnet werden, wenn Sprache, Gedanken und Verhalten in einer linienförmigen, einheitlichen Gedankenwelt gefangen sind, und es keinen Platz mehr für unorthodoxe, von der Norm abweichende Individuen gibt.

Diese Methode, die Menschen in die Uniformität zu treiben, indem ihre Sprache und ihr Denken manipuliert werden, wird weitsichtig in Orwells „1984" beschrieben. Dies war nur der Anfang – wie in anderer Form auch in Huxleys „Schöne Neue Welt". Jetzt haben wir die in den beiden Dystopien entworfene Zukunft fast erreicht; oder soll man zutreffender sagen, sie hat uns erreicht? Die Entwicklung ist rasant fortgeschritten. Längst geht es nicht mehr nur um Sprache und Denken oder um Eingriffe in das Erbgut, sondern um die neue Dimension der Manipulierbarkeit durch das Internet. In seinem Roman „Der Circle" (50) malt Dave Eggers das Schreckensbild einer durch das Internet möglich gewordenen umfassenden sozialen Kontrolle, die bis zum völligen Verlust der Privatheit führt, drastisch an die Wand. Möglich wird dieser Identitätsverlust dadurch, dass die Manipulationskraft der „Sozialen Medien" perfektioniert wird, indem alle Internetnutzer eine individuelle Internetidentität erhalten. Dies führt jedoch zu dem Paradox, dass sich die scheinbare Individualität in eine Uniformität verkehrt. So verwandeln sich die „sozialen" Medien durch eine vollständige Transparenz in grausame, menschenverachtende „unsoziale" Medien.

So wird Wohltat zur Plage.

V. Von der „Fremdgierigkeit" der Deutschen

Stellt man die Frage, warum diese mangelnde Sprachloyalität ausgerechnet in Deutschland so ausgeprägt ist, dann stößt man auf einen bereits im Jahre 1641 von Justus Georg Schottel geäußerten Verdacht, der in seiner „Teutschen Sprachkunst" von einer den Deutschen angeborenen „Fremdgierigkeit" sprach. Diese ging sogar so weit, dass Menschen, die auf ordentliche Namen wie Müller (Mylius, Pistorius), Schmidt (Faber) oder Schneider (Sartorius) hörten, sich ihrer deutschen Namen schämten und lateinische annahmen. Übrigens auch der Barockschriftsteller Schottel selbst war eitel und nannte sich daher Justus-Georgius Schottelius. Selbstverständlich ist die Fremdgierigkeit nicht genetisch bedingt, aber auf jeden Fall ist dieses von Schottel im 17. Jahrhundert beklagte Phänomen periodisch wiederkehrend. Gottfried Wilhelm Leibniz, der als einer der letzten deutschen Universalgelehrten gilt, attestierte seinen Zeitgenossen nur einige Jahre später als Schottel, es habe „den Deutschen nicht am Vermögen, sondern am Willen gefehlt, ihre Sprache durchgehend zu erheben". Dieser Vorwurf ist auch im 20. und 21. Jahrhundert noch aktuell. Denn wer kennt die Situation nicht aus eigener Erfahrung, wenn mehrere Deutsche und ein Englischsprachiger zusammensitzen und sich alle wie selbstverständlich in Englisch unterhalten, auch wenn dieser eine über sehr gute Deutschkenntnisse verfügt und möglicherweise sogar froh wäre, seine Deutschkenntnisse verbessern zu können.

Aber das wäre ja noch schöner, wir sind tolerant, polyglott, hip, eben einfach toll.

Vielleicht ist es ja wirklich diese „Fremdgierigkeit", dieses Imponiergehabe, das uns antreibt.

In dieses psychologische Muster passt eine unglaubliche, aber wahre Begebenheit. Bei der Eröffnung des deutschen Pavillons anlässlich der Kunstbiennale in Venedig hielt der deutsche Botschafter seine Rede in Englisch. Von den konsternierten Gästen verstand niemand, dass der diplomatische Vertreter der Bundesrepublik Deutschland nicht selbstverständlich deutsch oder aber wenigstens italienisch sprach. Aber wahrscheinlich hatte der Herr Botschafter an den Spruch des Baccalaureus im zweiten Teil von Goethes „Faust" gedacht: „Im Deutschen lügt man, wenn man höflich ist". Durch diese klassische Bildung, die man bei einem Botschafter getrost voraussetzen darf, wird seine wirkliche Motivation verständlich: Er wollte nicht lügen, sondern er wollte einfach nur höflich sein. Das beweist den Feingeist. Aber die richtige Entscheidung für einen Repräsentanten unseres Landes im Ausland wäre eine andere gewesen, man hätte erwarten können, dass er deutlich und unmissverständlich die deutsche Sprach-Flagge hisst, kulturelles Selbstbewusstsein dokumentiert und seine Rede in seiner Muttersprache Deutsch hält.

Eine vergleichbare Deutsch-Amnesie lässt sich ausgerechnet auch bei der Jury erkennen, die für die Auswahl des „Deutschen Buchpreises" verantwortlich ist. An diesem Wettbewerb beteiligen sich rund 100 Verlage aus Deutschland, Österreich und der Schweiz. Gesucht wird der beste deutschsprachige Roman des Jahres. Und jetzt passen Sie gut auf: Die Kritikerjury stellt eine 20 – deutschsprachige – Romane umfassende „Longlist" auf, die zu einer „Shortlist" mit sechs Finalisten reduziert wird. Ach übrigens, der Wettbewerb wird vom Dachverband der deutschen Buchbranche organisiert.

Wenn diese Entwicklung so weiter geht, dann ist mit großer Sicherheit ein in englischer Sprache gehaltener Vortrag eines deutschen Germanisten an einer deutschen Universität über „Die Ästhetik Schillers" bald keine satirische Erfindung mehr. An der Technischen Universität München kann dies bald Wirklichkeit werden, denn dort verfolgt der Präsident Professor Wolfgang Herrmann einen radikalen sprachlichen Kahlschlagplan.

Bis 2020, der Präsident wollte es schon ab 2017, wurde aber von seinem Hochschulrat zurück gepfiffen, sollen die Masterstudiengänge („Double Degree") weitestgehend ausschließlich in der Standard-Unterrichtssprache Englisch stattfinden.

Sind wir schon auf dem Weg zum „Master of Desaster"?

Auf jeden Fall sind die Pläne des TU-Englisch-Masters in ihrem „Wording" äußerst ehrgeizig, denn bis dann müssen nicht nur alle Dozenten, sondern auch alle Studenten und sogar die Uni-Verwaltung ihre Englischkenntnisse auf Hochglanz bringen. Dabei ist es keine Majestätsbeleidigung an Professoren, wenn man behauptet, dass „eine der Muttersprache vergleichbare präzise Beherrschung anderer Sprachen ... auch unter Wissenschaftlern die seltene Ausnahme von der gegenteiligen Regel (ist)", wie Norbert Lammert (51) meint.

Es wird vermutlich kaum jemanden überraschen, dass die Pläne des TU-Chefs daher nicht unumstritten sind.

Interessant ist das Plädoyer eines aus Kanada stammenden TU-Professors für Strömungslehre und Aerodynamik, der zum Beispiel die Maschinenbau-Studenten überwiegend in Deutsch unterrichten möchte. Seine Begründung wird dem anglophilen Master of the University, Wolfgang Herrmann, sicher nicht schmecken. „Der Maschinenbau in Deutschland kann eines nicht leugnen: Er ist top-international." Dies liegt nach Ansicht des Professors auch an kulturellen Faktoren, die mit der Erwartung an Qualität zusammen hingen. „Ingenieure lernen mit dieser kulturellen Erwartung ihr Fach." Dies könne man im Hörsaal auf Englisch nicht vermitteln, sagt der „native speaker". Das ist schon bemerkenswert, dass ein kanadischer Professor für die deutsche Sprache in die Bresche springt, während die Deutschen lieber einmal in der Haltung „Deckung vor Schussfeld" verharren.

Eines weiß ich jetzt schon, eine Vorlesung über das Nibelungenlied in englischer Sprache würde ich mir einiges kosten lassen. Auch englischsprachige akademische Angebote über Martin Heideggers „Die Sprache ist das Haus des Seins", Friedrich Nietzsches „Also sprach Zarathustra" oder Georg Wilhelm Friedrich Hegels „Phänomenologie des Geistes" wären mir einen angemessenen Eintrittspreis mit Unterhaltungszuschlag wert.

Irgendwie erinnert mich die Idee von Professor Dr. Wolfgang A. Herrmann an Ludwig Thomas Satire „Ein Münchner im Himmel", in der Aloisius von Gott aus dem Himmel hinunter auf die Erde geschickt wird, um der Bayrischen Staatsregierung einen Brief zu überreichen. Da Aloisius aber im Hofbräuhaus zu viele Biere trinkt, vergisst er, den Brief abzugeben, „und so wartet die bayrische Regierung bis heute vergeblich auf die göttliche Eingebung". Könnte Aloisius nicht auch einen Brief an den Münchner TU-Präsidenten dabei gehabt haben?

Aber dieser Brief wäre am besten in englischer Sprache abgefasst worden, denn der TU-Präsident ist die Verkörperung der Sprach-Toleranz und - Liberalität. Eine Kostprobe dieser wirklich unglaublichen Haltung lieferte der Herr Professor in einem Interview mit dem Spiegel (4/2016) „Wir halten auch die Sitzungen unseres Hochschulpräsidiums auf Englisch ab, weil darin eine Kollegin sitzt, die ihre Karriere in Kroatien gemacht hat."

Ein Glück, dass diese Kollegin ihre Karriere nicht in Wladiwostok gemacht hat. Die Folgen für das Universitätsgremium wären nicht absehbar gewesen.

Auf jeden Fall hat der TU-Präsident schon einen Erfolg erzielt. Er wurde mit dem ehrenvollen Titel „Sprachpanscher des Jahres 2015" durch den „Verein Deutsche Sprache" ausgezeichnet, der seit 1997 regelmäßig vergeben wird. Die Jury begründetet die Wahl damit, dass Herrmann „allen Bestrebungen in den Rücken (falle), das Deutsche als ernstzunehmende Wissenschaftssprache am Leben zu erhalten". Wie auch immer, dem internationalen Status Deutschlands als einer Kulturnation dient die Initiative Herrmanns sicher nicht.

Vielleicht irrt aber der Münchner Hochschulpräsident sogar in der Sache, denn es gibt durchaus wissenschaftliche Thesen, dass originelle Kreativität nur in der Muttersprache möglich sei und dass jeder Mensch letztlich nur in seiner Muttersprache vollkommen und optimal denken könne.

Vielleicht hat der kanadische Münchner TU- Professor, der die Bedeutung der kulturellen Faktoren bei der Erkenntnis-Gewinnung hervorhob, gar nicht so Unrecht. Denn zwei Sprachen bedeuten auf jeden Fall auch zwei Kulturen und damit zwei sehr unterschiedliche Denk-Kategorien. Der Fernsehmoderator Robert Lembke („Was bin ich?") bringt in einem Aphorismus diesen komplizierten Tatbestand auf eine einfache, nachvollziehbare Konsequenz: „In einer fremden Sprache lügt es sich schwerer".

Folgt man diesen Überzeugungen, dann läge der TU-Präsident aus Bayerns Metropole mit seinem Englisch-Diktat neben der Spur, und er wäre ziemlich „on the woodway".

Auf jeden Fall spricht diese Haltung nicht von hoher Achtung vor der deutschen Sprache. Ernst Moritz Arndt, Schriftsteller und Mitglied der 1848er Nationalversammlung, hätte daraus noch eine weiter gehende Konsequenz gezogen: „Wer seine Sprache nicht achtet und liebt, kann auch sein Volk nicht achten und lieben – wer seine Sprache nicht versteht, versteht auch sein Volk nicht".
Je nach Standort kann man nun urteilen: Best Practice oder Worst Case? Weisheit oder Kapitulation? Notwendige Internationalisierung oder Tod der Wissenschaftssprache Deutsch?

Selbst wenn der Präsident der TU München den stärksten Sprach-Turbo eingeschaltet und sich die Englisch-Pole-Position erobert hat, in der Welt der Wissenschaft und an den anderen deutschen Hochschulen sieht es nicht sehr viel besser aus. Dies nimmt häufig seltsame Formen an, und es zeugt nicht von wissenschaftlichem Selbstbewusstsein.
So müssen Anträge an die nationale Exzellenzinitiative oder an die Deutsche Forschungsgemeinschaft in englischer Sprache gestellt werden. Bundestagspräsident Norbert Lammert nennt ein weiteres Beispiel deutscher Sprachverleugnung: „Dass sich selbst für die Evaluierung germanistischer Forschungsprojekte zunehmend Englisch als scheinbar naheliegendes Verständigungsmittel durchsetzt, gehört zu den beinahe skurrilen Ausprägungen dieses allgemeinen Trends".

Für ihn sind die Konsequenzen klar: „Sprecht endlich wieder Deutsch!". (52) Lammert sieht dies nicht nur als eine verbale Forderung, er setzt diese Überzeugung auch dort, wo er kann, durch. Im September 2015 rügte er in der Fragestunde des Deutschen Bundestags Bundesinnenminister Ulrich de Maizière wegen zu vieler Anglizismen in seiner Rede.

Der mutige Bundestagspräsident war es auch, der die Europäische Union aufforderte, dem Deutschen Bundestag alle wichtigen Dokumente zur Beratung in deutscher Sprache vorzulegen, da sie ansonsten vom deutschen Parlament ignoriert würden. Er bleibt auch dann konsequent, unmissverständlich und sich treu, wenn es um die Bedeutung der deutschen Sprache für den Erfolg der Integration geht: „Dass jemand, der in Deutschland tätig ist, auch Deutsch spricht, halte ich für eine schiere Selbstverständlichkeit. Das sollte auch für Imame gelten".

Die Botschaft aus dieser Haltung und Handlung ist kompromisslos: „Wer eigentlich sonst, wenn nicht wir, soll sich um Deutsch als Sprache und die Zukunftsperspektiven dieser Sprache kümmern?". (53)

Wenn er Recht hat, hat er Recht.

Sowohl Jacob Grimm als auch Jacob Burckhardt, der die einzige Rettung für die in deutscher Sprache geschriebenen Bücher nur noch in der Übersetzung ins Englische sah, werden mit ihren düsteren Prophezeiungen von der Wirklichkeit eingeholt. Deswegen würde sie es nicht überraschen, dass längst das Anglo-Amerikanische auch den ersten Rang in den Wissenschaftssprachen erklommen hat. Die

Sprache Martin Luthers, Gotthold Ephraim Lessings, Immanuel Kants, Johann Wolfgang von Goethes, Heinrich Heines oder Thomas Manns gerät in eine Statistenrolle.

Wahrscheinlich sind wir Zeugen einer Epoche, in der das Englische einen unblutigen sprachlichen Sieg errungen hat, wobei die Gegenwehr äußerst unterschiedlich ausfällt, wie wir sehen.

Auf jeden Fall ist es angesichts dieses Maßes an mangelnder Sprachloyalität nicht verwunderlich, wenn wir uns sogar von außen den Spiegel der Selbstverleugnung und der Mutlosigkeit vorhalten lassen müssen. Die Londoner „Times" bezeichnete die Anglizismus-Manie vieler Deutscher als „linguistic submissiveness", als eine Form sprachlicher Unterwürfigkeit; wie wahr angesichts der stolzen Zahl von 105 Millionen Menschen in Europa, die Deutsch als ihre Muttersprache bezeichnen, und den rund 185 Millionen, die weltweit Deutsch lernen oder gelernt haben. Es ist chic geworden, englische Wörter oder diejenigen, die man dafür hält, in Reden einzustreuen, und kaum jemand gibt sich noch die Mühe, ein gleichwertiges deutsches Wort einem englischen vorzuziehen. Ist dies wirklich so lästig oder so peinlich? Dabei wäre es dringend notwendig, wenn ein Sprach-Ruck gegen die Anglizismen durch die Gesellschaft ginge und das Bewusstsein gestärkt würde, dass der deutsche Ausdruck in der eigenen Sprache, deren Metaphern, Semantik, Klang, Grammatik und in deren Geschichte verwurzelt ist.

Dazu bedarf es jedoch des Willens, der Entschlossenheit und einer gehörigen Portion Mutes.

Also, machen wir uns auf: „Let´s rent courage".

Dieses Phänomen der Sprach-Illoyalität ist nicht neu, aber dadurch wird es nicht besser.

Bereits im Jahre 1671 wurde die „Fruchtbringende Gesellschaft" gegründet, die in sprachpuristischer Absicht den vielen Fremdwörtern in der deutschen Sprache entgegenwirken wollte. Auch die Brüder Jacob und Wilhelm Grimm mokierten sich in ihrem Bericht „Über das deutsche Wörterbuch" über den übermäßigen Gebrauch von Fremdwörtern. Das Verlangen, auf der Spur modisch-fremder Ausdrücke zu wandeln, gab es also bereits im Deutschland ab dem 17. Jahrhundert.

Johann Wolfgang von Goethe fand bereits am Ende des 18. Jahrhunderts in den „Xenien" einen Mittelweg, der auch aktuell gültig sein könnte: „Die Muttersprach zugleich zu reinigen und zu bereichern, ist das Geschäft der besten Köpfe".

Der Satiriker Johann Michael Moscherosch, der unter dem Pseudonym Philander von Sittewald schrieb, verband seine Sozialkritik an der Mode, vor allem lateinische und französische Fremd- und Lehnwörter zu gebrauchen, mit einem gehörigen Schuss Humor:

> „Fast jeder Schneider
> will jetzund leider
> Der Sprach´ erfahren sein
> Und redt latein,
> Wälsch und französisch,
> halb japonesich,
> Wann er ist doll und voll,
> der grobe Knoll.
> Ihr bösen Teutschen,
> man sollt´ euch peitschen.
> Daß ihr die Muttersprach so wenig acht."

Dieses satirische Gedicht aus dem 17. Jahrhundert öffnet uns einen Seiteneingang zu dem Phänomen des „Denglischen". Denn dieses ist offensichtlich nicht nur ein alter Bekannter. Es ist auch nur zu einem Teil ein sprachliches Problem, sondern es ist im weiteren Sinne ein psychologisches, es ist ein politisches und ein ärgerliches dazu.

Bei Moscherosch ist das Objekt der Kritik noch der Schneider, der „grobe Knoll", der nicht zu den gehobenen Ständen gehört. Ihm steht es nicht zu, Latein, Französisch oder Wälsch zu sprechen und schon gar nicht „japonesisch". Das ist eine nicht standesgemäße Anmaßung, eine Hochstapelei, die sich nicht ziemt.

Das blieb den Herrschenden vorbehalten. So „parlierte" man am preußischen Hof Friedrichs des Großen französisch, und das Deutsche war verpönt.

Aber es gibt auch adligen Trost. Zu Zeiten der englischen Königin Viktoria, die neun Kinder gebar, 40 Enkel und 88 Urenkel hatte und durch ihre lange Regierungszeit von 1837-1901 einem ganzen Zeitalter ihren Namen gab, sprach man auch deutsch am Königshof. (Im Jahre 2015 wurde sie von ihrer Ur-Ur-Enkelin Elisabeth II. an Regierungsdauer übertroffen; a new record was borne.)

Doch beim Denglischen und bei den Anglizismen liegen die Verhältnisse völlig anders. Hier geht es nicht mehr um Sprachen zu Hofe und unter Adeligen oder Geistesadeligen. Anglizismen markieren keine Standes-, Schichten- oder Klassengrenze mehr, sondern sie sind zu einem sprachlichen Allgemeingut für Jung und „Silverager", für Mann und Frau, für Professoren, Bundesligaspieler, Supermarktkassierer(innen), Schornsteinfeger, Pfarrer, Kunstmaler, Lokführer, Fahrlehrer, „Banker", Opernsänger, Bäckerei-Fachverkäufer(innen) und auch Schneider geworden.

Aber was hat es eigentlich mit diesen Phänomenen des „Denglischen" und der Anglizismen auf sich, dass sich an ihnen so sehr die Geister scheiden?

„Denglisch" ist ein zusammengesetzter Begriff, ein Kofferwort, aus den Wurzeln Deutsch und Englisch. Das ist an sich zunächst noch nichts Schlechtes, denn das gesprochene Deutsch ist, um mit dem Romanisten Jürgen Trabant zu reden, ein „Straßenköter". Es besteht zu einem Teil aus Lehnwörtern, die aus dem Griechischen, Lateinischen, Englischen und Französischen stammen.

Solche Fremdwörter oder Hybridbildungen im Allgemeinen und Anglizismen im Besonderen kennen wir schon seit langen Zeiten. Wir nutzen das Portemonnaie und freuen uns, wenn es gefüllt ist. Wir fahren gerne Auto, und wir tragen gerne weiche Mohairpullover.

Aber im Unterschied zum „Denglischen" oder dem „Engleutsch" sind diese Fremdwörter aus anderen Kultursprachen entlehnt, in das Deutsche in ihrer Wortbedeutung übernommen und ihrer ursprünglichen Fremdheit oft entkleidet.

Beim „Denglischen" liegt der Sachverhalt jedoch anders.

Hier werden nicht nur aus dem Englischen stammende Wörter in die deutsche Sprache übernommen, sondern sie werden mit deutschen Morphemen vermischt, damit sie auch in die korrekte deutsche Syntax passen.

Wenn ein Flug, auf den wir dringend angewiesen sind, ausfällt oder abgesagt wird, dann wird er gecancelt. Dies ist ein ärgerlicher Vorgang für den verhinderten Flugpassagier, aber er ist darüber hinaus auch noch sprachlich ärgerlich.

Im Zeitalter des Internets lässt sich nahezu alles und jedes downloaden. Damit wird es jetzt sprachlich richtig kompliziert. Habe ich das Programm jetzt eigentlich downgeloadet oder gedownloadet?

Nun, man könnte ja auch einfach sagen, dass man das Programm herunter geladen hat, aber sagen Sie selbst, das klingt doch viel zu hausbacken.

Aber es kann noch viel „gebildeter" zugehen, nämlich mit so genannten sprachlichen Hybridbildungen. Natürlich gibt es diese auch schon in Fülle und seit langer Zeit in unserer Sprache. Viele gibt es schon so lange, dass sie uns als solche gar nicht mehr auffallen. Nehmen wir als Beispiele das Automobil, eine griechisch-lateinische Mixtur, die Bürokratie, die Verbindung aus dem Französischen und Griechischen, oder schlicht den Müll-Container.

Heute kommen solche Hybridbildungen in einem anderen Gewand daher.

Wir haben, modern, wie wir sind, ein „Date" bei einem „Hairstylisten", dessen Namen oft äußerst kreativ ist, so wie „My Hair Lady", „Hin und Hair" oder „Bab´s Hair-Lounge". Diese trägt ihren Namen, weil die Friseuse Barbara heißt. Abends sind wir in eine „Location" zu einem „Outdoor-Event" eingeladen und schauen kurz noch einmal in „Maggie´s Back-Shop" vorbei (Sie wissen schon, die Bäckersfrau heißt Margarete) oder, wenn es uns nach etwas Herzhaftem zumute ist, im „Bratwurst Point".

Ja, und dann gibt es sogar Genussmittel der ersten und der zweiten Sprach- Kategorie. Coffee ist, in umweltunfreundlichen Plastikbechern gereicht, „to go", aber Fischbrötchen sind nur „zum Mitnehmen". Das ist nicht gerecht, denn womit hat das wohlschmeckende Fischbrötchen eigentlich diese sprachliche Erniedrigung verdient? Manchmal sind Dinge weniger „to go" als zum Weglaufen.

Früher sammelte man Stilblüten, beispielsweise aus Schüleraufsätzen, wie „Wilhelm Tell ging hinter einen Busch, drückte ab, und das Werk der Befreiung war getan". Allerdings wirkte die Pointe nur, wenn man auch den Inhalt von Schillers Drama „Wilhelm Tell" kannte. Die Formulierungen wirkten komisch, weil sie die Wortbedeutungen und Assoziationen durcheinander wirbelten, was zu Missverständnissen führen musste. Heute entsteht – auch unfreiwillige – Komik durch das Durcheinanderwirbeln von nicht zusammenpassenden englischen und deutschen Sprachelementen oder durch das Aufeinandertreffen unterschiedlicher sprachlicher Sphären.

Dies möchte ich durch einen Witz veranschaulichen, für den ich mich bereits im Voraus entschuldige, weil er der wissenschaftlichen Grundhaltung dieses Werkes nicht angemessen ist.

„Ein amerikanischer Farmer besucht einen Bauernhof in Nordhessen und begrüßt den Hofangestellten höflich mit den Worten: „Hello, Mister"! Der Angesprochene antwortet eher unfreundlich auf den Gruß: „Ich bin nicht der Mister, ich bin der Melker!".

Selbst wenn Sie diesen Witz nicht witzig finden, was ich mir eigentlich nicht vorstellen kann, so öffnet er doch den Blick auf eine wesentliche Voraussetzung der Kommunikation und gibt einen Einblick in die Grundlagen und Mechanismen des Verstehens und des Missverstehens.

Der „Melker" verfügt nicht über die Fähigkeit des so genannten „Code- Switching", der Fähigkeit, von einer Sprache in die andere umzuschalten, um zu erkennen, was der Gesprächspartner zu ihm sagt, und so entsteht die komische Wirkung dieses scheinbaren Dialogs.

c Hauck & Bauer

Auch Höflichkeit kann „Dialogpartner" vor der Gefahr des aneinander Vorbeiredens nicht bewahren, wenn man die Karikatur aus der „Frankfurter Allgemeinen Sonntagszeitung" betrachtet, in der die so oft gegenüber Migranten und Flüchtlingen geforderte „Willkommenskultur" einmal auf eine andere Form dargestellt wird.

Sprachliche Missverständnisse entstehen immer dann, wenn sich unterschiedliche Sprach- und Bedeutungsebenen zwar begegnen, aber nicht zur Übereinstimmung kommen.

In Johann Peter Hebels Kalendergeschichte „Kannitverstan" (1808), die viele von uns noch aus dem Deutschunterricht kennen, wird dieses Prinzip anschaulich dargestellt, denn der junge Handwerksbursche aus Tuttlingen kann die reale Welt nicht verstehen, weil er die niederländische Sprach-Welt in Amsterdam nicht versteht. Als er Fragen nach den Besitzern eines großen und schönen Hauses und eines prachtvollen Schiffes sowie am Ende nach dem Namen eines Verstorbenen stellt, erhält er jeweils die kurze Antwort: „Kannitverstan". Das „heißt auf deutsch soviel als: Ich kann Euch nicht verstehn. Aber der gute Fremdling glaubte, es sei der Name des Mannes, nach dem er gefragt hatte." So nahm das Kannitverstan-Missverständnis seinen Lauf, weil die Befragten „zum Unglück geradeso viel von der deutschen Sprache verstanden als der Frager von der holländischen, nämlich nichts". (54)

Eines der überzeugendsten literarischen Beispiele für die Kenntnis der Bedeutungsnorm als Voraussetzung und Grundlage der sprachlichen, aber auch der sozialen und gesellschaftserhaltenden Verständigung ist Peter Bichsels Kurzgeschichte aus dem Jahre 1986 „Ein Tisch ist ein Tisch". (55) Darin hat ein alter, grauer Mann die zunächst belebende, scheinbar alles verändernde Idee, Begriffe einfach anders zu benennen.

Das klang durchaus originell: „Zu dem Bett sagte er Bild." „Zu dem Wecker sagte er Fotoalbum". Also: „ Am Morgen blieb der alte Mann lange im Bild liegen, um neun läutete das Fotoalbum." Diese

Geschichte, die geistreich, zum Schmunzeln beginnt, endet traurig. „Der alte Mann im grauen Mantel konnte die Leute nicht mehr verstehen, das war nicht so schlimm. Viel schlimmer war, sie konnten ihn nicht mehr verstehen. Und deswegen sagte er nichts mehr. Er schwieg, sprach nur noch mit sich selbst, grüßte nicht einmal mehr." Der alte, graue Mann verstößt gegen die grundsätzliche Voraussetzung einer funktionierenden Kommunikation, er verstößt bewusst gegen die Sprachnorm und wirbelt die Bedeutungsnorm durcheinander. Er bewegt sich nicht mehr auf einer identischen Sprachebene mit seinen Adressaten; sie verstehen sich daher einfach nicht mehr. Die daraus, im wahrsten Sinne des Wortes, resultierende Sprachlosigkeit des Mannes führt dazu, dass er nicht nur sprachlich, sondern auch sozial scheitert, „ er schwieg" und „es machte ihm Angst, mit den Leuten zu sprechen".

VI.   Von der Praystation zum It-Girl

Es ist jeden Morgen immer wieder ein erhebendes Gefühl, die über Nacht eingetroffenen elektronischen Botschaften, auch bekannt als „e-mails", zu lesen. Vieles wiederholt sich, viele ungebetene Werbegäste sind inzwischen gute alte Bekannte: „Newsletter" über „Sondernewsletter", „Hutshopping", „Hessen Design", „TechTicker", „Travel24", „Shopping Highlights", „Newsticker", „börsennews", „AllPosters", „Deal des Tages", „maskworld", „Steffi von myprinting", „shopping.de" und, meine absolute Digital-Freundin, „Caro von Shopping". Da freut man sich, wenn plötzlich einmal eine Botschaft erscheint, die richtig verständlich, deutsch und emotional wohlig „Geld, Liebe & Glück" verheißt.

Sie kennen sicher das Gefühl, einfach nur noch sprachlos zu sein und an der Welt verzweifeln zu wollen. Ein solches Gefühl beschlich mich, als ich bei meinen Recherchen auf der Homepage einer evangelisch-lutherischen Kirchengemeinde in Mittelfranken landete. Diese lutherische Kirchengemeinde (war da nicht irgendetwas mit Martin Luther und der deutschen Sprache?) ist aber so etwas von up-to-date, total in: Mit feingeistigen Angeboten wie „Kids Go" für die 10-14 Jährigen, dem „Teentreff" für die „Kids" von der 5. bis zur 7. Klasse oder aber –unerreicht – der „Pray Station" für die 13 – 17 Jährigen ist man offensichtlich in den Reihen der Kirchenvertreter felsenfest davon überzeugt, mit diesem „Wording" die Jugendlichen am besten erreichen zu können. Lassen wir sie in diesem Glauben. Der versetzt ja bekanntlich Berge.

Vielleicht wäre es aber auch der Mühen wert gewesen, den Kindern und Jugendlichen die bedeutende Rolle Martin Luthers für die Entwicklung der neuhochdeutschen Schriftsprache näher zu bringen, anstatt nur darauf zu bauen, dass die Generation der „Playstation" auch zu einer „Pray Station" positive Assoziationen entwickelt. Übrigens, einer der vielen Aphorismen von Martin Luther lautet: „Das paßt wie die Faust aufs Auge".

Georg Friedrich Wilhelm Hegel hätte in diesem Zusammenhang wahrscheinlich eher von der „Dialektik des Sinns im Unsinn" gesprochen.

Seit 1997 wird einer Person oder Institution die fragwürdige Ehre zuteil, sich mit dem Titel „Sprachpanscher des Jahres" schmücken zu können, der vom „Verein Deutsche Sprache" „für besonders bemerkenswerte Fehlleistungen im Umgang mit der deutschen Sprache" verliehen wird. Manche Leistungen der Ausgezeichneten sind wirklich ohne Worte.

Im Jahre 2001 wurde der Vorsitzende des „Bundesverbands Deutscher Bestatter" zum Preisträger gekürt. Er hatte sich allen Ernstes für die Bezeichnung „Funeral Master" als Berufsbild bei Bestattungsunternehmen eingesetzt. Aber damit war seine sprachliche Fantasie noch längst nicht am Ende. Die jährlich stattfindende Berufsmesse der Bestatter hieß, man glaubt es nicht, „Eternity", wobei doch ewiges Leben für den Berufsstand eigentlich eher geschäftsschädigend ist. Wer denkt, das sei das Ende seiner Kreativität, der hat sich gründlich getäuscht, denn der Sarg sollte zukünftig „Peace Box" heißen, was man im doppelten Sinne als unterirdisch bezeichnen kann. Eines aber ist völlig klar, dieser Mann hat sich seinen Ehrentitel „Sprachpanscher des Jahres" wirklich redlich verdient. Man kann lediglich noch darüber streiten, ob seine „bemerkenswerte"

Leistung in die Kategorie makaber, unfassbar oder einfach nur voll daneben einzuordnen ist.

Mit Chic und modischem Wortschatz hat sich die Modeschöpferin Jil Sander im Jahre 1997 ihren Ehrentitel erworben. Im Magazin der „Frankfurter Allgemeinen Zeitung" offenbarte sie den Leserinnen und Lesern eine atemberaubende, sehr persönliche Standortbestimmung: „Ich habe vielleicht etwas Weltverbesserndes. Mein Leben ist eine giving-story. Ich habe verstanden, daß man contemporary sein muß, das future-Denken haben muß. Meine Idee war, die hand-tailored-Geschichte mit neuen Technologien zu verbinden. Und für den Erfolg war mein coordinated concept entscheidend, die Idee, daß man Teile einer collection miteinander combinen kann. Aber die audience hat alles von Anfang an auch supported. Der problembewußte Mensch von heute kann diese Sachen, diese refined Qualitäten mit spirit eben auch appreciaten. Allerdings geht unser voice auch auf bestimmte Zielgruppen. Wer Ladyisches will, searcht nicht bei Jil Sander. Man muß Sinn haben für das effortless, das magic meines Stils." (56)

Congratulation and Celebration, herzlichen Glückwunsch, Frau Sander, das ist einfach magic.

Ich habe diesen Text im ersten Augenblick für eine sehr gelungene Parodie gehalten. Aber er ist wirklich eine authentische Aussage der als Heidemarie Jiline Sander im Dithmarschen geborenen deutschen Modeschöpferin Jil Sander. Selten habe ich einen so gelungenen Beitrag einer Selbstdarstellung gelesen, die eher einer sprachlichen Selbstentblößung gleich kommt.

Ich habe mir sofort besorgte Fragen gestellt: „Hat Frau Sander etwa einen Veggie-Day nicht verkraftet? Hatte ihr kurzer Ausflug zu „Prada" Nebenwirkungen, denn bekanntlich trägt ja der Teufel „Prada"? Wie auch immer, das war sprachliche Schizophrenie vom Allerfeinsten.

Doch auch der hohe deutsche Adel ist nicht vor Sprachverhunzung gefeit. Die „Stiftung Preußische Schlösser und Gärten" warb auf Plakaten für eine Ausstellung im Schloss Charlottenburg über die Preußenkönigin Luise, die Mutter von Kaiser Wilhelm I., mit einer abenteuerlichen Wortwahl. Diese schon zu Lebzeiten verehrte Königin besaß ohne Zweifel das „gewisse Etwas", und Friedrich Wilhelm Schlegel nannte sie voller Begeisterung eine „Königin der Herzen". Aber ob man sie deshalb gleich in wahrhaft unpreußischer Diktion als „It Girl", „Fashion Victim" und „Working Mom" bezeichnen muss, ist eher zweifelhaft. Man kann sich so richtig vorstellen, wie stolz sich die Werbeexperten auf die Schultern klopften, als sie die preußische Monarchin „downgradeten" und dadurch so talentrestistente „It Girls" wie Paris Hilton, Kim Kardeshian, Daniela Katzenberger oder Peaches Geldorf gehörig „upgradeten".

Das war gaga de Luxe.

Es ist leider nicht bekannt, ob die Preußenkönigin angesichts dieser Wortwahl und der neuen „Kolleginnen" immer noch in ihrem Grab rotiert. Übel nehmen könnte man es ihr nicht.

Auf jeden Fall sieht eine angemessene Werbung für Preußens Glanz und Gloria anders aus.

Szenenwechsel. Ein lieber Freund von mir ist passionierter Bergsteiger. Er kennt meine Leidenschaft, immer und immer wieder mahnend auf die vielen Anglizismen in unserem Alltag hinzuweisen. Stets hörte er mir geduldig und aufmerksam zu, bis er mir vor kurzem von seinen persönlichen Anglizismus-Erfahrungen berichtete: „Früher bin ich zu einem Bergsteigertreffen in Brixen gefahren. Demnächst werde ich zum „International Mountain Summit" fahren". Dort wird er an Veranstaltungen mit den Bezeichnungen wie „Talk und Kongress", dem „IMS Boulder" mit dem „Boulder Jam" und dem „IMS Walk" teilnehmen. Im „Talk und Kongress" halten berühmte Bergsteiger, darunter Reinhold Messner, Vorträge wie „Passion for limits", und am Ende lockt dann die „After Contest Party" mit den „Slackline-Profis".

Dieses hohe sprachliche Niveau passt bestens zu dem Anlass eines Bergsteiger-Treffens. Also „Berg Heil"!

Wenn sprachlich Geschichte auf Moderne trifft, dann ist allerhöchste Vorsicht geboten.

Ein misslungenes Beispiel für ein solches Zusammentreffen leistete sich die ehrwürdige ehemalige Freie Reichsstadt Gelnhausen. Ihr Gründer, Friedrich I. von Staufen, wurde wegen seines roten Bartwuchses „Barbarossa" genannt. Daher darf sich die hessische Kreisstadt auch mit dem Zusatz „Barbarossastadt" schmücken. Jetzt hält die Moderne endgültig Einzug in die Mauern der historischen Kommune, denn es soll ein „Barbarossa-City-Outlet" entstehen. Der Sage nach schläft unser Kaiser Barbarossa ja seit Jahrhunderten im Kyffhäuser und wartet nur darauf, einmal wieder zu erscheinen, um das Reich zu neuer Herrlichkeit zu führen. Mit Sicherheit wird er dann auch in Gelnhausen vorbei schauen, um in seinem „City-Outlet" einzukaufen. An fehlendem Kleingeld dürfte sein „Shopping" nicht scheitern, einem Kaiser wird man ja mit ein paar Euro aushelfen. Ehrensache.

Sollte „Seine Hoheit" zufällig in der Weihnachtszeit kommen, habe

ich noch eine Überraschung für ihn. Dann gehen wir gemeinsam in die Aufführung von „Comedy goes X-mas" in Frankfurt und halten uns an den gut gemeinten Ratschlag, den ich auf einer Weihnachtskarte erhielt: „Keep calm und eat Plätzchen".
O, du fröhliche, a merry and holy white Christmas.

„Vergiftet"

Manchmal trennt Persiflage von Wirklichkeit nur ein Hauch. Dies zeigt eine Folge mit dem Titel „Giften" aus der Radio-Comedy-Serie „Der kleine Erziehungsratgeber" von Florian von Westerholt. Sie enthüllt auf eine entwaffnende Weise das Verwirrpotenzial des Denglischen.
Karlsson und Titus nehmen ihr Taschengeld und fahren in die Stadt. „Wir wollen uns giften", erklären sie ihren erstaunten Eltern, die ihrerseits nur Bahnhof verstehen. Die Söhne erklären, dass „uns giften" übersetzt „sich beschenken" bedeutet. Das ist ja aus ihrer Sicht nur logisch, denn „gift ist Geschenk, giften beschenken". So ist „entgiften", wenn man sich die Geschenke dann wieder wegnimmt. Pflanzengift, wenn man Blumen verschenkt, rumgiften, wenn man eine Flasche Rum verschenkt, ein Giftzwerg ist ein „kleiner Mann, der gern Geschenke macht". So ist auch eine Giftmülldeponie kein gefährlicher Ort, sondern ein Lager für Geschenke, die man nicht mehr braucht. Und die Moral von der Geschicht´: „Nur wer diese Ausdrücke der modernen Jugendsprache kennt, ist wirklich auf der Höhe der Zeit". (57)
Ich befürchte, dass es bei Rattengift, Mitgift, Schlangengift oder Drachengift ziemlich kompliziert zu werden droht.

Auf geht's: „Hunting for gifts", gehen wir auf Geschenkejagd.

Ein kleiner Tipp: Wer in einen „Gift-Shop" geht, sollte dies nicht mit falschen Erwartungen tun...

Noch hat dieser höchst modische Ausdruck „giften" in seiner brand-neuen Bedeutung keinen Weg in den Duden gefunden, noch findet sich dort der herkömmliche Sinn „sich sehr ärgern" oder „sehr böse werden". Aber Sie können Gift darauf nehmen, bald werden wir diesen Ausdruck als ein Sprachgeschenk dort antreffen können. Das wäre nur gerecht, denn er ist in Wahrheit nicht neu, sondern ziemlich alt. Zwar verwandte selbst Johann Wolfgang von Goethe diesen Begriff noch in seiner ursprünglich germanischen Bedeu-tung als „Gabe, Geschenk oder Schenkung", aber eigentlich hatte der Bedeutungswandel bereits in der Epoche des Althochdeutschen eingesetzt, und aus der „Gabe" wurde eine „tödliche Gabe".

Werbung in englischer Sprache kann sogar gefährliche, kriminelle Tatbestände enthüllen, die Leib und Leben bedrohen. Ausgerechnet die kleinen Erdenbürger, die noch völlig hilflos der oft grausamen Umwelt ausgeliefert sind, sollen zu Opfern werden. Im besten Falle werden sie nur verkauft, im „Worst Case" werden sie sogar erschos-sen. Es ist furchtbar: Inzwischen schrecken skrupellose Geschäf-temacher vor „Baby-Sale" und „Baby-Shooting", ja sogar „Neu-geborenen-Shooting" nicht mehr zurück. Es ist unfassbar: Diese Grausamkeiten werden zu gängigen Angeboten in unserer sozialen Marktwirtschaft.

Die Werte unserer Gesellschaft, auf die wir doch mit vollem Recht so stolz sind, werden mit Füßen getreten, zu Lasten kleiner zierli-cher Baby-Füße.

Fremdwörter sind Glückssache

Der richtige Einsatz von Fremdwörtern macht etwas her. Aber er kann auch zur Glückssache werden. Misslingt der Griff in die Fremdwortkiste, dann kann dies zur Erheiterung oder zur Irritation beitragen und manchmal sogar beleidigend wirken.

„Sie machen einen sehr korpulenten Eindruck", sagte bewundernd der Zuhörer eines Fachvortrags zu der Referentin. Die war verständlicherweise wenig angetan von diesem „Kompliment". Sie konnte ja nicht ahnen, dass der Bewunderer ihrer Ausführungen sie für sehr „kompetent" und für einen echten wissenschaftlichen „Shooting Star" mit großem Talent und Potenzial hielt. Diese Bezeichnung wäre in England allerdings ein ziemlicher „Flop", denn dort versteht man unter einem „Shooting Star" lediglich eine Sternschnuppe, die kurz hell aufleuchtet und dann rasch wieder verglüht. Auch freudige Ereignisse schützen nicht vor Missverständnissen. Eine so wunderbare Erfindung wie die „After-Show-Party" kann, wörtlich genommen, zu Erstaunen führen, wenn ein Gast des Englischen nicht mächtig ist.

c Rabe-Karikatur

Seite 71

Wir nutzen im täglichen Leben eine Fülle von wirklichen oder angeblich aus dem Anglo-Amerikanischen stammenden Ausdrücken, die allerdings dort oft entweder unbekannt sind oder eine andere Bedeutung haben.

Ein Streetworker ist in Deutschland ein sozial hoch angesehener Beruf. In den USA sollte er besser eine andere Berufsbezeichnung wählen, denn dort klingt dieser Begriff verdächtig nach Streetwalker, und dies bedeutet so viel wie Straßenprostituierte oder Bordsteinschwalbe. Es gibt eben mehrere Berufe, welche die Straße als „Betriebsstätte" nutzen.

Nicht nur Fußballfreunde genießen das gemeinschaftliche Erlebnis eines Public Viewings, wenn auf Video-Großleinwänden besondere Sport- oder Musikereignisse gezeigt werden. Dieser Begriff wurde 2006 anlässlich der Fußball-Weltmeisterschaft in Deutschland populär und fand schnell Eingang in unseren Sprachgebrauch und in den Duden. Sein Ursprung ist weniger erheiternd, denn in England ist es der Ausdruck für die öffentliche Aufbahrung eines Toten. Allerdings muss man zugeben, dass die im Duden genannte Alternative „Rudelgucken" auch nicht der Weisheit letzter Schluss ist.

Rund 95 Prozent der Jugendlichen zwischen 10 und 18 Jahren besitzen ein Mobiltelefon, besser bekannt als Handy. Das klingt so, wie dieses Gerät auch ist: praktisch, nützlich, griffbereit und handlich. Vor allem klingt es aber so typisch amerikanisch. Das stimmt natürlich, handy stammt aus dem anglo-amerikanischen Sprachgebrauch, es hat als Adjektiv und auch als Substantiv viele Bedeutungen. Nur das Handy in seiner Funktion und Bedeutung als Handy in unserem Sinne findet man nicht. Die Briten nennen es überwiegend mobil phone, die Amerikaner eher cellphone.

Es sollte allerdings der historischen Wahrheit zuliebe nicht unterschlagen werden, dass die Etymologie des Wortes Handy als Bezeichnung für ein schnurloses Telefon durchaus auch nach Schwaben führen kann. Die im Dialekt formulierte Frage: „Ja, händie koi Kabel?" könnte in diese Richtung weisen. Diese Erklärung ist in der Sprachwissenschaft jedoch aus guten Gründen äußerst umstritten und bleibt auf Schwaben begrenzt.

Die Bahn stellt die richtigen Sprach-Weichen

Katja Ebstein hat es schon immer gewusst: „Wunder gibt es immer wieder, wenn sie Dir begegnen, mußt Du sie auch seh´n". Im Jahre 2013 ließ die „Deutsche Bahn" ein wahres Sprach-Wunder geschehen. Das muss man sich wirklich auf der Zunge zergehen lassen. Ausgerechnet die „Deutsche Bahn", von der man einst den Eindruck gewinnen konnte, sie wolle an die englische Börse gehen und deswegen einen Anglizismen-Rekord aufstellen, ausgerechnet diese „Deutsche Bahn" stellte die Sprachweichen nach innen und außen wieder auf „Deutsch statt German", wie die „Süddeutsche Zeitung" titelte.

Welches Wunder war geschehen? Es war ein Wunder von fast kosmischem Ausmaß. „Die Deutsche Bahn" will ihr Deutsch besser pflegen und Anglizismen im Konzernalltag noch stärker vermeiden. In Leitlinien für die Mitarbeiter legt das staatliche Unternehmen dazu fest, „möglichst durchgängig die deutsche Sprache zu verwenden". Das klingt zunächst noch sehr abstrakt, es klingt aber zumindest nach gutem Willen und hehrer Absicht. Aber sind wir gerecht, das ist ja schon einmal etwas, wenn man die bisherige Sprach-Konzernstrategie verfolgt hat, die immerhin zwei Mal dazu führte, dass die „Deutsche Bahn" den Ehrentitel „Sprachpanscher des Jahres" erhielt und dass sich ein BBC-Reporter über das viele Englisch in deutschen Zügen wunderte. Mit deutscher Gründlichkeit wird jetzt den DB-Mitarbeitern nahe gebracht, wie man die Notbremse für den inflationären Gebrauch von englischen und scheinenglischen Begriffen ziehen kann. Der Counter hat ausgedient, wir haben den vertrauten Schalter wieder, die Flyer heißen wieder Handzettel, und die Service Points wurden wieder in DB-Informationen umbenannt, ohne dass sich beispielsweise irgendetwas an der Pünktlichkeit geändert hätte, aber mit den Bezeichnungen kann man ja schon einmal beginnen, der Rest folgt – mit leichter Verspätung - später. Aber es geht bei der Kurskorrektur nicht um „Peanuts", es geht um noch größere Beträge. Die Leitlinien für die DB-Mitarbeiter, die dazu dienen sollen, „ihren alltäglichen Sprachgebrauch kritisch unter die Lupe" zu nehmen, umfassen von A (Abchecken) bis Z (Zippen) immerhin 2200 Begriffe; das ist ja kein Pappenstiel. Einen absoluten Kultstatus hat sich allerdings eine Erfindung der DB aus Anlass der Fußball-Weltmeisterschaft 2006 in Deutschland erworben. Die Abschiedsansage in den Zügen an die ausländischen Reisenden „Thank you for travelling with Deutsche Bahn", möglichst noch vorgetragen in sächsischer, hessischer, saarländischer oder schwäbischer Mundart, wurde sogar als satirischer Buchtitel („Senk ju vor träwelling. Wie Sie mit der Bahn fahren und trotzdem ankommen") ein Klassiker. Übrigens leuchtet am Sprach-Horizont der DB die Farbe der Hoffnung. In dem internen Glossar der „Deutschen Bahn AG", dessen Ziel es ist, „die Mitarbeiter in einem bewussteren Umgang mit der deutschen Sprache zu unterstützen", keimt die Saat der Evolution. „Das Glossar ist ein lebendes Dokument, das sich in ständiger Fortentwicklung befindet."

Ich verneige mich in Ehrfurcht: Deutsche Bahn, „thank you for changing your wording".

Aber Spracheroberungen betreffen nicht nur Subjektive, Verben oder Adjektive, sondern sie wirken noch subtiler, und so haben sich längst auch die Redewendungen „das macht Sinn" oder „er hat einen guten Job gemacht" in unsere Sprache eingeschlichen. Damit sind die klar verständlichen, präzisen Bewertungen „es ist sinnvoll", „ das ergibt einen Sinn" oder „er hat ganze Arbeit geleistet" langsam aber sicher in Vergessenheit geraten.

Die Übersetzung eins zu eins aus dem Englischen hat die Oberhand gewonnen.

Die Gratwanderung zwischen der wohlwollenden Einschätzung des „Denglischen" als einem Zeichen für die Lebendigkeit, die Lebenskraft der sprachlichen Strukturen oder der Befürchtung eines schleichenden Verzichts auf die identitätsstiftende Kraft der Sprache ist in der Hauptsache ein Streit in den Sphären des Psychologischen und offenbart vieles - bewusst oder unbewusst- über die Haltung zu Nation und Vaterland, nicht nur in Deutschland.

Cool ist cool

Jede Zeit hat ihre besonderen Wörter. Eines der 1980er Wörter in Deutschland hieß „cool". Dieses Allerweltswort hat sich mit voller Wucht im deutschen Sprachgebrauch etabliert. Ursprünglich entstammt es der Jugendsprache der späten 1980er und frühen 1990er Jahre, aber inzwischen gehört es zum Standardrepertoire von Jung und Alt, von Mann und Frau. Die Attraktivität dieses Wort-Tausendsassas hat verschiedene Gründe: Cool klingt unglaublich cool, und es ist so ungeheuer vielseitig verwendbar wie ein „Schweizer Offiziersmesser" oder eine „Thermomix"-Küchenmaschine.

Spätestens, wenn man mit seinen Enkeln zusammen sitzt und sie von ihren Erlebnissen oder von Freunden erzählen, dann bekommt man bald ganz heiße Ohren von so viel „coolen" Dingen und Personen. Man erhält dabei einen praktischen, lebensnahen Eindruck von der gewaltigen Bedeutungsbreite dieses sympathischen Wortes mit den vier Buchstaben. Wenn Sie es nicht weitersagen, verrate ich Ihnen ein Geheimnis. Ich war vor kurzem mit einem meiner Enkel sieben Jahre alt, unterwegs, um ein Geschenk für ihn einzukaufen. Die Verkäuferin beobachtete uns eine Zeitlang und sagte dann zu meinem Kleinen: „Du hast aber einen coolen Opa". Ich war von diesem Kompliment geschmeichelt, und auch mein Enkel war stolz. Dabei war es uns ziemlich gleichgültig, was sie jetzt ganz genau mit dem Ausdruck „cool" gemeint hatte; auf jeden Fall war es etwas Positives.

Wofür muss dieser sympathische begriffliche Teufelskerl, auch genutzt in den Steigerungen, „cool", „voll cool", „urcool", „total cool", „ultracool" oder „megacool" nicht alles herhalten? Ein Blick in den Duden, der dieses Adjektiv bereits seit 1980 führt, nötigt uns höchsten Respekt ab und lehrt uns Ehrfurcht. Die Herkunft des Begriffs ist eher bescheiden, er stammt aus einfachen englischen Verhältnissen und bedeutet schlicht „kühl". Unter diesem Gesichtspunkt ist der Ausdruck: „Bleibe ganz cool" noch verständlich, wenn man darunter versteht, einen kühlen Kopf zu bewahren oder im übertragenen Sinne „gelassen", seelenruhig", „souverän" oder „stoisch" zu handeln. Komplizierter wird es schon, wenn von einem „coolen" Ort die Rede ist. Wer in diesem Zusammenhang glaubt, er müsse an einem coolen Platz schrecklich frieren oder er sei gar in einem Kühlhaus gelandet, der irrt. Auch ein cooler Urlaub kann, nicht nur in meteorologischer Hinsicht, sehr heiß verlaufen. Die Anzahl der 70 im Duden aufgeführten Synonyme, von astrein, bombig über krass und pfundig bis vorzüglich, zeigt im positiven Sinne die große Variationsbreite dieses Wortes, im negativen Sinne offenbart sie eher das schwammartig einnehmende Wesen und den saloppen, oberflächlichen Charakter dieser sprachlichen Allzweckwaffe. Cool gehört in die Schublade derjenigen Begriffe, die kaum noch Platz für Nuancen, für Originalität, für Präzision, für eine Vielfalt der Ausdrucksmöglichkeiten und für Individualität zulassen. Am Ende dient das Wort „cool" nicht mehr nur als eine Bezeichnung und als positive Bewertung eines Objekts. Indem es sich der klaren Definition, der präzisen Wortbedeutung und der Beschreibung von Qualitätsmerkmalen dieses Objekts verweigert, erhält es selbst einen eigenständigen Status, im konkreten Falle sogar einen Kultstatus. Dieser Prozess gilt in erster Linie für die Werbung und ihre Wirkungsmechanismen, in der allein die undifferenzierte Aussage, ein Produkt sei „cool", die tiefer gehende Frage nach den Gründen für diese Bewertung, die Frage nach dem Warum ersetzt. Cool kann vieles bedeuten, aber es ist vor allem auch selbst cool, irgendwie hammerhart, overdope, vielleicht sogar krassomat.

Die legendäre Milka-Werbung der 1990er Jahre veranschaulicht diesen Kultstatus, indem sich das Wort cool nahezu vom bezeichneten Gegenstand der Werbung löste. Der damals über 80-jährige Schweizer Schauspieler Peter Steiner wurde mit dieser Werbung selbst zur Kultfigur. „Ah – ein Stadtmensch! Sie glauben wohl auch, dass wir hier oben etwas altmodisch sind. Aber das stimmt nicht! ... Aber Vorsicht: „It´s cool, man!".

VII.   Sprachgesetz als Waffe?

In Deutschland hat es immer wieder Diskussionen darüber gegeben, ob man die deutsche Sprache in das Grundgesetz aufnehmen oder ob man ein Gesetz zum Schutz unserer Sprache verabschieden solle. Andere Länder waren schneller und konsequenter.

Bereits im Jahre 1966 hat unter der Präsidentschaft von Charles de Gaulle in Frankreich der Versuch begonnen, durch Gesetze den Einfluss des Englischen auf die französische Sprache („ Franglais") einzudämmen. Dieses Vertrauen in die staatliche Autorität hat in Frankreich Tradition. Schon das Wörterbuch der 1635 gegründeten „Académie française" versteht sich ausdrücklich als sprachnormbildend und schreibt den „bon-usage", den richtigen Gebrauch, des Französischen vor, was allerdings auch zunehmend zu Kritik geführt hat. 1994 wurde ein neues Gesetz (Le Tourbon) verabschiedet, das 2005 sogar noch verschärft worden ist. Darüber hinaus wurde von staatlicher Seite eine Quote von 40 Prozent für französischsprachige Musiktitel in den öffentlichen Rundfunkanstalten vorgeschrieben. Frankreich kämpft um und für seine Sprache.

Nicht nur in Frankreich, sondern auch in Belgien, Estland, Irland, Lettland, Litauen, Mazedonien, Norwegen, Polen, Schweden und der Slowakei wurden aus unterschiedlichen Motiven und auf Grund unterschiedlicher historischer Situationen so genannte „Sprachgesetze" verabschiedet. Diese Länder haben sich für staatliche Sanktionen entschieden und versuchen mit dem „scharfen Schwert" eines Gesetzes, ihre Sprache vor zu vielen fremden Ausdrücken zu schützen.

Nehmen wir als ein Beispiel den baltischen Staat Litauen. Dort ist man stolz auf seine sehr alte auf indogermanischen Ursprünge zurückgehende und räumlich sehr begrenzte Sprache. Daher wurde eine zehnköpfige staatliche „Sprachinspektion" eingerichtet, die Verstöße gegen das Sprachgesetz verfolgt. Dieses Gesetz schreibt vor, dass das Litauische nicht nur fehlerfrei, sondern auch ohne Anglizismen oder andere Fremdwörter benutzt werden muss. Möglicherweise wird am Ende dieser Versuch des Staates, die Reinheit seiner Sprache zu bewahren, scheitern. Aber es ist zumindest der ernst gemeinte Versuch eines kleinen, stolzen Landes, das lange Jahre in seiner Geschichte unter fremder Herrschaft litt und in der man sich der Tradition, der identitätsstiftenden Kraft und der Bedeutung der eigenen Sprache bewusst ist. Natürlich sind im täglichen Leben die Inspektoren genauso machtlos wie andere „Sprach-Kontrollgremien", so dass sich ihre Sanktionen (bis 400 Euro Strafe) eigentlich nur gegen Redakteure bei Zeitungen, im Rundfunk und im Fernsehen, gegen Namens- und Artikelbezeichnungen in der Werbung oder bei Kaufhäusern richten können. Allerdings gibt es in Litauen die Besonderheit eines Mittelwegs zwischen „Lithenglisch" und den Anglizismen. Man übernimmt zwar die Lehnwörter, versieht sie aber mit einer eigenen litauischen Klangnote. So bedeutet „Biznismenis" der Geschäftsmann oder „Surprizas" die Überraschung.

Ganz rigide und puristisch geht man mit der eigenen Sprache in Island um. Auf dem zweitgrößten Inselstaat Europas wird nicht lange gefackelt, denn die seit 400 Jahren fleißig arbeitende „hreintungustefna" (isländische Sprachreinheits-Bewegung), die für die Sprachreinheit verantwortlich ist, hat saubere Arbeit geleistet. Fremdwörter werden ver-isländischt (so heißt das Telefon beispielsweise

„sími", der Fernsehapparat „Bildrausschicker" und der Computer ist der „Zahlenvorhersager"). Natürlich liegt dies auch daran, dass diese große Insel mit der kleinen Einwohnerzahl, das „Volk der Verwandten", ziemlich weit ab vom Schuss liegt, und deshalb hat sich an der Schriftsprache, die von den Wikingern ins Land gebracht wurde, in dem Land südlich des nördlichen Polarkreises seit 1100 Jahren wenig geändert. Daher sind viele Isländer, ob sie Siegthorson oder Einardottir heißen, in der Lage, alte Sagen wie die „Edda" und andere historische literarische Dokumente zu verstehen. Seit 1964 wacht eine Sprachkommission darüber, dass sich Anglizismen nicht zu sehr und zu rasch ausbreiten. In Zeiten des Internets lässt sich auch auf der Insel der Vulkane, der Gletscher und der Geysire dieser Purismus kaum noch aufrechterhalten. So zeigt die isländische Sprache bereits deutliche Anwandlungen von Schwäche und hat den Widerstand gegen „bensin". „hotel" , „TV" oder „sigaretta" bereits aufgegeben. Mein Rat: „áfram sterk, islenska" („Bleibt stark, Isländer"). Im Fußball habt ihr die Engländer bereits ausgeschaltet.

Unser Nachbar Österreich geht einen anderen Weg. Die Republik, in der für 98 Prozent der Menschen deutsch die Muttersprache ist, und wo man zu „Kuss" „Busserl", zu „Angeber" „Einedrahrer" und zu „Schlagsahne" „Schlagoberst" sagt, ist die offizielle Staatssprache Deutsch. Allerdings wird das meist auch in der gemütlichen Form des österreichischen Deutsch gesprochen. Doch dieses Deutsch wird in der Alpenrepublik nicht durch einen gesetzlichen Zaun abgeschirmt wie in anderen Ländern. Es werden vielmehr bestimmte Minderheitensprachen wie Ungarisch, Slowenisch, Romani, Tschechisch, Slowakisch, Burgenlandkroatisch und sogar die Gebärdensprache unter einen Schutzschirm gestellt, und zum Teil

werden sie sogar in einigen Bundesländern als Amtssprachen an-
erkannt. Diese tolerante Haltung gegenüber anderen Sprachen hat
vermutlich eine Wurzel in der historischen Tradition des Habsbur-
ger Vielvölkerreichs und dem sagenumwobenen Charme des Öster-
reichers im Allgemeinen und des Wieners im Besonderen.

Wir werden genau beobachten, welche sprachlichen Auswirkungen
der „Brexit" haben wird. Queen Elisabeth II. scheint sich bereits
auf ihr Exil in Frankfurt am Main zu freuen.

VIII. „Dich aber, süße Sprache Deutschlands"

Was aber macht die englische Sprache so attraktiv, dass sie zunehmend in sprachliche Bereiche unseres täglichen Lebens eindringen und unangefochten zum Symbol scheinbarer Weltmännischkeit werden konnte?

Vermutlich lässt sich noch relativ leicht Übereinstimmung darüber erzielen, dass sich die historisch fremdwortarme isländische Sprache nicht zur Weltsprache eignet. Wer sich Vulkane mit den Namen „Eyjafjallajökull" oder „Bárdarhunga" leistet, wer den Donnerstag ungeniert „Fimmtudagur" nennt, wer in seinem Alphabet gleich 32 Buchstaben benötigt und wer zu dem putzigen Glühwürmchen „ljósormur" sagt, der taugt wirklich nicht zur Weltsprache. Sollte ich mich allerdings getäuscht haben, dann werde ich sofort die Frage stellen: „Hvernig get ég sett Icelandic minn baeta?" („Wie kann ich mein Isländisch verbessern?").

Aber warum hat es die englische Sprache dann geschafft?

Die erste denkbare Antwort könnte in einer immanenten, funktionalen und ästhetischen Überlegenheit des Englischen gegenüber der deutschen Sprache liegen.

Für Mark Twain, den alten Zyniker, war die Antwort der Bewertung unumstößlich klar, als er seine Abhandlung über „Die schreckliche deutsche Sprache" schrieb. „Es gibt keine andere Sprache, welche so schludrig und systemlos und so schlüpfrig und schwer fassbar ist".

Als wäre dies nicht verletzend genug, legt er sogar noch nach. „Aufgrund meiner philologischen Studien bin ich überzeugt, dass ein begabter Mensch Englisch (außer Schreibung und Aussprache) in dreißig Stunden, Französisch in dreißig Tagen und Deutsch in dreißig Jahren lernen kann". (58) Da liegen wir schon am Boden, und dann prügelt doch dieser bösartige Amerikaner noch einmal richtig auf uns ein, als hätte er in seinem eigenen Land nicht genug Gründe zur Kritik. Unfassbar, er fordert, dass man die deutsche Sprache „sanft und ehrerbietig bei den toten Sprachen absetzen" müsste, weil nur die Toten die Zeit hätten sie zu lernen. Ein Frechdachs, dieser als Samuel Langhorne Clemens geborene „Mark Twain", der auch noch von Oscar Wilde unterstützt wird, der ebenso frech behauptet, das Leben sei zu kurz, um Deutsch zu lernen.

Eine Auszeichnung als „Kavalier des Jahres" bekämen die beiden Zeitgenossen in Deutschland für diese Bewertung vermutlich nicht. Aber aus Gründen der historischen Wahrheit muss angemerkt werden, dass sich Mark Twain während seiner neunjährigen Europareise in Berlin sehr wohlfühlte und die Metropole als „wonderful city" und als „luminous centre of intelligence" bezeichnete. Vielleicht hat er seinen Verriss der deutschen Sprache ja doch nicht so ernst gemeint.

Eine unschöne Tradition hat die Ablehnung der hochdeutschen Sprache in der Schweiz bereits seit dem 19. Jahrhundert. In einer Befragung, die 1992 durchgeführt wurde, kann eine Stimme stellvertretend für eine weitverbreitete Stimmung stehen: „Ich hab´ Freundinnen, die trauen sich fast nicht mehr, den Mund aufzumachen mit Hochdeutsch". Das ist wirklich nicht lieb, Ihr Eidgenossen, aber in der Schweiz wachsen ja auch wesentlich mehr Berge als bei uns.

Aber diese Beispiele zeigen, dass ein Klang- oder Schönheitsvergleich zwischen Sprachen letzten Endes immer in dem Bereich der subjektiven Wahrnehmung und Wertung enden muss. Ist wirklich objektiv und unbestritten Italienisch eine schönere Sprache als Griechisch, oder klingt Finnisch nicht exotischer als das Schwizerdütsch? Wie wohltuend ist doch die Liebeserklärung des mongolischen deutschsprachigen Dichters Galsan Tschinag, der überwiegend in Ulan Bator lebt: „Deutsch ist eine wunderbare Sprache. Ich liege vor ihr auf den Knien"(59). Und auch die Wertung des argentinischen Autors Jorge Luis Borges, der zweisprachig englisch und spanisch aufwuchs, und der 1972 ein „Lob der deutschen Sprache" veröffentlichte, ist nicht von schlechten Eltern: „Dich aber, süße Sprache Deutschlands, Dich habe ich erwählt und gesucht, ganz von mir aus.". (60)

Danke, lieber Galsan Tschinag, danke lieber Jorge Luis Borges, es tut gut, wenn intelligente Menschen so emotional und überzeugend zu uns halten. Doch die Welt ist ein Hort der Ungerechtigkeit, weder der Mongole noch der Argentinier haben den Literatur-Nobelpreis bekommen. Im Unterschied zu Günter Grass, der in seinem letzten, autobiografischen Roman „Grimms Wörter. Eine Liebeserklärung" (61) unserer deutschen Sprache ebenfalls ein Denkmal der tiefen Zuneigung geschaffen hat.

Doch wir haben noch einen weiteren Zeugen vorrätig, der aus seiner Zuneigung zur deutschen Sprache keinen Hehl macht. Es ist das ungarisch-stämmige Literatur-Multitalent George Tabori, dessen Vater 1944 in Auschwitz ermordet wurde. In seiner Dankesrede für den „Georg-Büchner-Preis" im Jahre 1992 bekannte er offen und öffentlich: „Und ich liebe diese Sprache, diese schönen Seufzer und das trockene Krächzen, all diese Dialekte … (…) ich liebe diese Sprache, obwohl ich sie nie bewältigt habe…" (62) Aber es ist ja nicht wie bei sprach-armen Leuten, und so versetzt er den

Briten und Franzosen noch einen herben Schlag und fragt, „wieso zum Beispiel die Engländer oder die Franzosen meistens sich bedanken – thank you very much – merci beaucoup – während die deutsche Dankbarkeit noch etwas kennt, das freundlicher klingt. Danke schön".

Danke schön, George Tabori.

Wer wird ernsthaft einem Mongolen, einem Argentinier, einem Ungarn und einem Nobelpreisträger widersprechen? Das können nur Nörgler.

Galsan Tschinag, Jorge Borges, George Tabori und Günter Grass gegen Mark Twain und Oscar Wilde, wer ist im Recht, wessen Meinung stimmt denn jetzt eigentlich? (Übrigens haben wir noch die bekennenden Deutsch-Liebhaber John le Carré und Prinz Harry, den Enkel der Queen, in der Hinterhand.)

Natürlich tut ausländische Unterstützung und Zuneigung richtig gut, aber es ist auch wichtig, dass wir selbst und selbstbewusst zur Schönheit unserer Sprache stehen, so wie es uns Walter Krämer und Roland Kaehlbrandt mit ihrem „Lexikon der schönen Wörter" (63) demonstrieren. Zu den „funkelnden Edelsteinen" der deutschen Sprache zählen sie „Anmut", „Würde", „Liebe", „Demut", „Gemunkel" oder „Schelm". Und welcher Wohlklang, welche Lautmalerei liegt in Johann Wolfgang von Goethes „Wandrers Nachtlied: „Über allen Gipfeln ist Ruh, In allen Wipfeln spürest Du kaum einen Hauch" oder in Friedrich Hölderlins „Hyperions Schicksalslied: „… Es schwinden, es fallen die leidenden Menschen blindlings von einer Stunde zur andern, wie Wasser von Klippe zu Klippe geworfen, Jahr lang ins Ungewisse hinab".

Dies sind nur zwei Beispiele aus dem Kanon wunderbarer Lyrik, sprachgewaltig, bildhaft, gefühlvoll, und man glaubt geradezu, den imaginären Klang der Lyra zu hören.

Wem diese Beweise der großartigen Kraft und Qualität der deutschen Sprache nicht ausreichen, diesen hartnäckigen Skeptikern empfehle ich die Lektüre von Roland Kaehlbrandts „Logbuch Deutsch (64). Darin gibt er sich redlich Mühe, uns in seinem „Lob für die deutsche Sprache" auf 20 Seiten „Das Wunder Deutsch" nahe zu bringen. Worin besteht dieses Wunder? Eine Antwort liefert er im Schnelldurchlauf: „Großer Wortschatz, geschmeidige und durchsichtige Wortbildung, hochdifferenzierter Satzbau mit elastischer Wortstellung zum Ausdruck feiner Bedeutungsunterschiede und ein großes Angebot an Abtönungen zum Ausdruck vielfältiger Sprecherhaltungen - so kann das Urteil über die Vorzüge unserer Sprache als System ausfallen". (65)

Das musste einmal in dieser analytischen Deutlichkeit gesagt werden, und es ist schade, dass es Mark Twain nicht mehr lesen konnte. Also, keine Sorge, wir haben doch einiges zu bieten mit unserer wunderbaren Sprache. Offenbar wissen dies auch viele Deutsche zu schätzen. Ein Umfrageergebnis aus dem Jahr 2009 kann uns froh stimmen. Das „Institut für Deutsche Sprache" in Mannheim wollte es genauer wissen und stellte die Gretchenfrage: „Wie hältst Du es mit der deutschen Sprache?". Eine große Mehrheit der Deutschen fühlt sich unserer Sprache inniglich verbunden und viele empfinden sogar Liebe und Stolz für sie. Von sage und schreibe 87 Prozent der Befragten erhält die deutsche Sprache die Bewertung „gut bis sehr gut".

Na also, es geht doch.

Dieses wohltuende Votum sagt selbstverständlich nichts darüber aus, welche Sprache ästhetischer ist und welche unkomplizierter zu erlernen und auszusprechen ist. Andernfalls stellt sich die Frage, ob diese Urteile auf nachprüfbaren Tatsachen linguistischer Qualität beruhen? Eine Antwort muss differenziert ausfallen, denn es gibt durchaus syntaktische, grammatikalische und funktionale Unterschiede. Aber auch die sind am Ende „Geschmackssache" und lassen sich, je nach Sichtweise, unterschiedlich interpretieren, so wie nicht objektiv und unumstößlich behauptet werden kann, dass Kiwis besser schmecken als Mangos oder dass Angelina Jolie hübscher sei als meine Frau (eine rein rhetorische Frage!).

Warum also dominiert dann das Anglo-Amerikanische so sehr in unserem Sprachgebrauch, wenn es keine immanent linguistischen oder sprachästhetischen Gründe für seine Überlegenheit gegenüber dem Deutschen gibt?

Dann gibt es doch auch keinen Grund, in der Kategorie des Entweder-oder zu denken. Der Sprachenstreit ließe sich viel rationaler, viel eleganter lösen, indem man Jürgen Trabants salomonischer Regel folgte: „Ich lerne deine Sprache, du lernst meine Sprache, dann haben wir beide gelernt".

Und auch lebenspraktische Erwägungen sprechen gegen eine wertende Schwarz-weiß-Sicht. Denn meistens liegen die Gründe, eine Sprache zu lernen, eher in individuellen Entscheidungen, in der Berufswahl oder den Vorlieben für ein Land, als in der Grammatik, der Wortbildung oder den Regeln der Deklination.

Deswegen werden wir, wenn wir uns auf eine intensivere Suche nach Motiven für die schwindende Sprachloyalität in Deutschland begeben, sehr rasch erkennen, dass diese vermutlich mit dem immanenten Phänomen Sprache nur im weiteren Sinne etwas zu tun haben.

Also muss es etwas anderes sein, das die Ubiquität des Anglo-Amerikanischen ausmacht.

Weltsprachen Rangliste

	Weltsprache	Muttersprachler	Sprecher insgesamt
1.	Englisch	375 Mio.	1500 Mio.
2.	Chinesisch	982 Mio.	1100 Mio.
3.	Hindi	460 Mio.	650 Mio.
4.	Spanisch	330 Mio.	420 Mio.
5.	Französisch	79 Mio.	370 Mio.
6.	Arabisch	206 Mio.	300 Mio.
7.	Russisch	165 Mio.	275 Mio.
8.	Portugiesisch	216 Mio.	235 Mio.
9.	Bengalisch	215 Mio.	233 Mio.
10.	Deutsch	105 Mio	185 Mio.
11.	Japanisch	127 Mio.	128 Mio.
12.	Koreanisch	78 Mio.	78 Mio.

Quelle: weltsprachen.net

IX.   Sprache ist Macht

Warum gab es in der Geschichte bestimmte Fremdwortwellen wie die Vorherrschaft des Griechischen zu Beginn der abendländischen Kultur, des Lateinischen in althochdeutscher Zeit, des Französischen für die gehobene Gesellschaft im 17. und 18. Jahrhundert, des Spanischen vor allem in Südamerika, des Deutschen und seit 1945 des Anglo-Amerikanischen? Diese jeweiligen Blütezeiten der Sprachen mit ihren Importen haben überwiegend der deutschen Sprache gut getan und zu ihrer Bereicherung beigetragen. Ihnen ist gemeinsam, dass sie alle im Laufe der Geschichte ihr Ende fanden. Doch es gibt einen entscheidenden Unterschied zwischen diesen historischen Wellen herrschender Sprachen und dem heutigen Denglisch. Latein oder auch Französisch in ihren Hochkonjunktur-Zeiten waren jeweils die Sprachen der Gelehrten, der Gebildeten und der Spitzen der damaligen Gesellschaft. Heute sind Englisch und damit auch die Anglizismen jedoch längst in alle Schichten unserer Gesellschaft eingesickert und zu einem Teil der Volkssprache geworden. Sprachwissenschaftlich gibt uns dabei der Begriff der Vernakularsprache eine Hilfestellung. Dieser Begriff bezeichnet die jeweils „einheimische" Sprache innerhalb eines bestimmten Sprachgebiets, also in unserem Falle Deutschlands, Österreichs und Teilen der Schweiz. Damit steht diese Vernakularsprache im Gegensatz zu den Sprachen, die den „Einheimischen" im Zuge einer Kolonialisierung „aufgepfropft" wurden. Aus diesen Gründen sprechen große Teile Südamerikas spanisch oder in Brasilien portugiesisch, in vielen Ländern Afrikas spricht man französisch und in Indien englisch. In Deutschland sorgte beispielsweise die Dominanz des Französischen nach dem Westfälischen Frieden mit dafür, dass in dieser ohnehin politisch fragilen Situation die kulturelle Unabhängigkeit der deutschen Staaten weitgehend zerstört wurde und diese kaum eine Möglichkeit hatten, eine eigenständige Identität zu entwickeln. Denn das „Nachäffen" des Französischen beschränkte sich nicht nur auf die Literatur und Sprache, sondern auch auf Mode, Haltungen und Anschauungen, wie die Kritiker damals beklagten. Dass diese Sorge nicht nur von unbedeutenden nationalistischen Nörglern und Kritikastern oder von „Heimatdichtern" getragen wurde, zeigt, dass auch der bedeutende Philosoph Gottfried Wilhelm von Leibniz, als Präsident der neu gegründeten „Akademie der Wissenschaften" in Berlin, diese Bewertung teilte.

Dabei ging es ihm nicht um eine radikale „Entwelschung", wie sie gut 100 Jahre später in einem populären „Verdeutschungswörterbuch" gefordert wurde, sondern Leibniz wollte nur diejenigen Fremdwörter ersetzen, für die auch gleichwertige deutsche Ausdrücke existierten. Zugleich erkannte er an, dass es eine Vielzahl nicht-deutscher Wörter gab, die sogar zur Bereicherung unserer Sprache beitragen. Dies war eine realistische Einstellung, die auch in unserer Zeit eine vernünftige Kompromisslösung darstellen könnte und den Forderungen nach einem sprachlichen deutschen Reinheitsgebot keine Nahrung liefert.

Bleiben wir beim Begriff der Vernakularsprache, weil dieser auf den engen Zusammenhang zwischen Sprache und Herrschaft hinweist, der sich im Zeitalter der industriellen, globalen und vor allem medialen Entwicklung noch dramatisch verstärkt. Bereits Friedrich Nietzsche sagte voraus, dass der wirkliche Machthaber der Zukunft der sein werde, der neue Sprachregelungen verbindlich durchzusetzen verstehe. Ein fiktionales, extremes Beispiel für diese These, die im Grund eine Form der Gehirnwäsche beschreibt, liefert das „Neusprech" des „Großen Bruders" in George Orwells dystopischem Roman „1984": „Krieg bedeutet Frieden - Freiheit ist Sklaverei - Unwissenheit ist Stärke".

Diesem Phänomen des Missbrauchs der Sprache zur Ausübung von Herrschaft widmen sich Autoren wie Sternberger, Stolz und Süskind in ihrem Buch „Aus dem Wörterbuch des Unmenschen", Hans Maiers Frage: „Können Begriffe die Gesellschaft verändern?", Helmut Schelsky „Macht durch Sprache", Jutta Limbach „ Die Macht der Sprache" oder Werner Krauss in seinem Aufsatz „Über den Zustand unserer Sprache", um nur einige zu nennen.

Der Zusammenhang von Sprache und Macht wird natürlich im Zeitalter der elektronischen Medien, die aus nachvollziehbaren Gründen Massenmedien genannt werden, noch offensichtlicher. Wer die öffentliche Begriffsbildung beherrscht, der besitzt die Deutungshoheit, der interpretiert die Gesellschaft und die Welt.

Ein konkretes Beispiel für den Zusammenhang von Sprache und Herrschaft nennt der amerikanische Soziolinguist Barry Sanders in seinem Buch „Der Verlust der Sprachkultur": „Viele junge Farbige identifizieren die englische Sprache mit der herrschenden Kultur; white talk zu sprechen hieße für sie, sich aufzugeben, ihre ethnische Identität und damit die ethnische Solidarität preiszugeben". (66)

Wenn nicht alles täuscht, erleben wir in Deutschland genau den gegenläufigen Prozess. Wir nutzen gierig die anglo-amerikanischen Ausdrücke, verehren die Anglizismen auf Teufel komm raus und verwenden diese ohne Rücksicht auf Sprach-Verluste. Folgen wir der Logik, über die uns Sanders von den jungen Farbigen in den USA berichtet, dann geben wir damit freiwillig unsere ethnische Identität und ethnische Solidarität preis.

Es besteht kein Zweifel: „Sprache ist ein „sanftes" Machtinstrument in der globalen Konkurrenz" (67), wie es der Fernsehjournalist Franz Stark formulierte.

Ein Beispiel aus dem Jahr 1492, in dem Christoph Kolumbus Amerika entdeckte, soll diese These Starks untermauern.

Damals empfahl der spanische Humanist Antonio de Nebrija seiner Königin, sie möge nie vergessen, dass die Sprache zu jeder Zeit die Begleiterin der Herrschaft Spaniens sei. Der Sprachwissenschaftler Jürgen Trabant nennt in seinem Buch „Mithridates im Paradies - Kleine Geschichte des Sprachdenkens" ein anderes Beispiel: „Es ist den Römern ja nicht im Traum eingefallen, die Sprachen der von ihnen beherrschten Völker zu lernen. Sie erwarteten selbstverständlich, dass die unterworfenen Völker die Sprache des Imperiums verwendeten.".(68) Von wegen: „Die spinnen, die Römer!".

Die wussten, wie man die Sprache als „Waffe" einsetzt.

An der Erkenntnis, wie eng Sprache und Macht zusammen gehören, hat sich bis in unser 21. Jahrhundert nichts verändert. „Wes Brot ich ess´, des Lied ich sing" gilt als mittelalterliche Lebensweisheit bis heute fort.

Eine rein quantitative Begründung für die „Macht" der Sprache gibt es offensichtlich nicht. Denn danach müsste das Chinesische, das für 1,2 Milliarden Menschen die Muttersprache ist, die weltumspannende Sprache Nummer eins sein, und auch Spanisch (rund 400 Millionen) liegt , nach Zahl der Muttersprachler noch vor dem Englischen (335 Millionen). Das Deutsche liegt nach u.a. Hindi,

Arabisch, Bengali oder Lahnda (Pakistan, Punjab) und Javanesisch nur auf Rang zehn (69).

Wenn es keine quantitativen Begründungen sind, dann müssen es andere Aspekte sein, und es gehört keine große Phantasie dazu sich zu erklären, warum seit Beginn des 20. Jahrhunderts das Anglo-Amerikanische zur herrschenden Weltsprache geworden ist. Graf Bernstorff, der letzte Botschafter des Kaiserreichs in Washington, hat schon im Jahre 1936 in einem einzigen Satz die Antwort gegeben: „Die englische Sprache hat den Weltkrieg gewonnen".

Man benötigt keine tiefer gehenden sozio-linguistischen Kenntnisse, um den engen Zusammenhang zwischen Prestige, Überlegenheit, politischer, wissenschaftlicher und vor allem wirtschaftlicher Macht und der Sprache zu erkennen.

Aber man muss auch um seine Sprache kämpfen wollen und sich nicht kleinmütig scheinbarer Überlegenheit beugen.

Es ist unter diesen Gesichtspunkten und unter der Beachtung des Ergebnisses der beiden Weltkriege verständlich und dennoch ein Ärgernis, dass weder im Völkerbund nach dem 1. Weltkrieg noch in der UNO nach dem 2. Weltkrieg Deutsch als Arbeitssprache zugelassen wurde. In den entscheidenden Jahren, als die Arbeitssprachen in den internationalen Gremien wie der Europäischen Union, aber auch der UNESCO festgelegt wurden, fehlte offensichtlich der Biss, der Mut oder beides, sich für die deutsche Sprache einzusetzen.

Auch hier gilt: Wer nicht kämpft, der hat schon verloren.

Nehmen wir uns doch ein Beispiel an dem tapferen Paracelsus, der im frühen 16. Jahrhundert als Professor und Stadtarzt in Basel wirkte und der für die deutsche Sprache kämpfte. Er weigerte sich, seine Vorlesungen in der damaligen Wissenschaftssprache Latein zu halten und wurde dafür entlassen. Er wurde so zu einem der ersten Professoren, der an einer deutschen Universität Deutsch sprach. Paracelsus bewies Mumm und Stehvermögen.

Heute braucht niemand Angst mehr zu haben, wenn er seine Muttersprache sprechen will, außer vielleicht in naher Zukunft an der TU München.

Nach einer Erhebung des Berner Sprachkreises Deutsch der Bubenberg Gesellschaft rangiert die deutsche Sprache immerhin auf Platz 10 der meist gesprochenen Weltsprachen, Danach bezeichnen 105 Millionen Menschen Deutsch als Muttersprache, und rund 185 Million beherrschen unser Idiom. Natürlich leben die meisten Deutsch-Muttersprachler in Deutschland, aber auch im Elsass, Liechtenstein, Lothringen, Luxemburg, Österreich, Ostbelgien, der Schweiz, Südtirol, und sogar noch in Teilen Namibias wird aus historischen Gründen Deutsch gesprochen.

Das lässt sich sehen, zumal Deutschland ja eine Wirtschaftsmacht darstellt.

Aber zu dem absoluten Spitzenreiter Englisch, der zwar nur 375 Millionen Native Speaker, aber 1,5 Milliarden englischsprachige Personen auf die Sprachwaage bringt, besteht natürlich ein Respekt einflößender Abstand.

Damit ist auch quantitativ das Anglo-Amerikanische die bedeutendste Instanz der Welt-Interpretation, wenn man Wilhelm von Humboldts Beschreibung der Sprache als einem Medium des Denkens und der „Weltansicht" folgt.

Diesen engen Zusammenhang von Bewusstsein und Sprache hat sehr gekonnt der frühere Bundespräsident Richard von Weizsäcker genutzt, als er in seiner berühmt gewordenen Rede zum 8. Mai 1985 vom „Tag der Befreiung" sprach. Im kollektiven Bewusstsein der Deutschen war dieses Datum überwiegend als der Tag der Kapitulation, der völligen Niederlage, empfunden worden.

Einen ähnlichen Wandel erlebte der von den Nationalsozialisten „vererbte" und die Unmenschlichkeit der Judenverfolgung verharmlosende Begriff der „Reichskristallnacht", der auf Grund eines Perspektivwechsels zu Ende der 1970er Jahre durch die Bezeichnung „Reichspogromnacht" ersetzt wurde. Euphemismen wie „er fiel für das Vaterland", die den grausamen Tod eines Soldaten beschönigen sollen, oder auch das allen wissenschaftlichen Erkenntnissen logisch enteilende Wortkonstrukt „Nullwachstum" machen sich den Zusammenhang zwischen dem Bewusstsein und der Sprache zunutze. So wie der „American way of life" seinen Siegeszug in der Welt angetreten hat, so wie Coca Cola (Coke), McDonald´s, Hollywood-Filme, Kaugummi, Jeans, Mickey Maus oder Microsoft weltweit verbreitete und genutzte Konsumartikel sind, so hat auch das anglo-amerikanische Idiom weltweit an Verbreitung gewonnen. Damit hat es auch mehr Möglichkeiten erhalten, Dinge zu benennen und dadurch eine neue, nämlich seine Realität des Denkens, Empfindens und der Wertvorstellungen entstehen zu lassen.

Was dies bedeutet, ist klar, wir „beherrschen" nicht nur Sprachen, sondern sie beherrschen auch uns, unsere Gedanken und unsere Weltauffassung in einem dialektischen Sinne.

Die Zusammenhänge zwischen Ökonomie sowie Sprache und Begrifflichkeit sind augenscheinlich. In den genannten Fällen ist dieser Zusammenhang sowohl nahe liegend als auch erklärbar. Aber ärgerlich wird es in den Fällen, in denen beispielsweise Produkte aus deutschen Erfindungen wie der Buchdruck auch in Deutschland selbst nur noch als Printmedien bezeichnet werden. Dies ist deshalb ein Ärgernis, weil es eine Haltung der vorauseilenden Aufgabe der eigenen Sprache offenbart, die sofort bereit ist, unterwürfig englischsprachige Bezeichnungen zu übernehmen und die weiße Flagge der Kapitulation der deutschen Sprache zu hissen.

Dann ist es geradezu peinlich, wenn ausgerechnet die „Times" diese Haltung sehr präzise beobachtet und bewertet, indem sie uns Deutschen eine „linguistic submissiveness" (Sprachliche Unterwürfigkeit) attestierte. Das tut weh.

Aber natürlich ist an dieser Analyse vieles dran. Wer sich unterwirft, der hat den Kampf bereits verloren. Dies gilt auch für die Sprache. Und da Denken sich durch Sprache ausdrückt, gilt diese Niederlage auch für das Denken und damit für die Interpretation der Welt. Man muss nicht so weit gehen wie Helmut Schelsky, der in der „Beherrschung durch Sprache ... die vorläufig letzte Form der Versklavung von Menschen" (70) sieht. Doch in der sich tendenziell abzeichnenden „Einsprachigkeit" einer Welt, in der räumliche Distanzen, Zeitunterschiede und Kommunikationsformen verschmelzen, verlieren Originalität, Individualität, bunte Unterschiedlichkeit und damit persönliche Freiheit an Wert, stattdessen gewinnt die Uniformität die Oberhand.

Wir leben nicht nur in einer sich rasanter als je zuvor verändernden Welt, sondern wir erleben eine Veränderung des menschlichen Bewusstseins in einer Dimension wie nie zuvor, in der Virtualität die Wirklichkeit zu überholen scheint.

X.   Was wäre gewesen, wenn ...?

Viele Märchen enden im Konjunktiv. „Und wenn sie nicht gestorben sind, dann leben sie noch heute." Sagen, Märchen und Legenden haben ein langes Leben. Dies gilt auch für die so genannte „Muhlenberg-Legende", wonach es angeblich in der Gründerzeit der Vereinigten Staaten von Amerika eine Gesetzesvorlage gegeben habe, Deutsch als Landessprache einzuführen. Diese sei mit einer Stimme zugunsten des Englischen abgelehnt worden, so raunt die Legende. Wie im richtigen Leben hat man auch gleich einen Schuldigen zur Hand, ausgerechnet einen Deutschamerikaner. Entscheidend für die deutsche Niederlage sei der Sprecher des Repräsentantenhauses, Frederick Muhlenberg, gewesen. Seine angebliche Begründung, je schneller die Deutschen zu Amerikanern würden, desto besser sei es. Historisch hat es eine solche Abstimmung nicht gegeben. Allerdings hat auch diese Legende einen Funken an Wahrheitsgehalt. Im Jahre 1794 brachten deutsche Einwanderer in Virginia eine Petition an das Repräsentantenhaus mit dem Ziel ein, dass Gesetzestexte auch in Deutsch veröffentlicht werden sollten. Dies könne es den Einwanderern, die kein Englisch sprächen, erleichtern, die Gesetze der USA zu verstehen. Irgendwie kommt dies uns heute Lebenden durchaus bekannt vor. Diese Diskussion wiederholt sich aktuell in den Einwanderungsländern, wenn es um das Verhältnis von Muttersprache und der Sprache des Einwanderungslandes geht. Dabei wird immer wieder zu Recht darauf hingewiesen, dass der wichtigste Schlüssel zur Integration die Kenntnis der Sprache des Gastlandes darstellt. Diese „Schlüsselgewalt" reicht weit über die alltägliche Kommunikation hinaus, sie betrifft den Zugang zu Bildung, zum Arbeitsmarkt, sie entscheidet über soziale Zugehörigkeit oder Fremdheit und damit auch über gesellschaftliche Anerkennung oder Diskriminierung. Unter diesen Gesichtspunkten hatte Frederick Muhlenberg mit seiner Haltung und mit seiner Begründung über den Zusammenhang von Sprache und Integration völlig Recht.

Aber kehren wir zum Konjunktiv der Märchenenden zurück.

Hand aufs Herz.

Wäre es nicht wunderbar, wenn es statt des „American Dream" einen deutschen Traum gegeben hätte, wenn der erste Mann auf dem Mond, Neil Armstrong, seine historischen Worte in unserer Sprache gesagt hätte? Statt des Titels der „Bild-Zeitung" vom 21. Juli 1969: „Der Mond ist jetzt ein Ami", hätten wir stolz lesen können: „Der Mond spricht jetzt deutsch".

Ob George Washington, Thomas Alva Edison, Mark Twain, Nelson Rockefeller, Marilyn Monroe, John F. Kennedy, Ernest Hemingway, Fury, Frank Sinatra, Bob Dylan, Lassie, Elvis Presley, Neil Armstrong, Muhammad Ali, Mark Spitz, Kim Basinger, Barbara Streisand, Sharon Stone, Bill Gates, Michael Jackson, Whitney Houston, Steve Jobs, George Clooney oder Barack Obama, alle würden reden wie Sie und ich (da haben wir wieder den Konjunktiv, diesen bösen Traumtöter).

Es sollte eben nicht sein, es wäre so schön gewesen. Sind wir denn jetzt die Loser?

Also, liebe Landsleute, lasst uns Englisch lernen und sprechen, die Erfahrung lehrt uns, die Amerikaner werden erfahrungsgemäß nicht deutsch lernen.

Aber halt, es gibt selbst in den Vereinigten Staaten von Amerika ein hoffnungsvolles Beispiel für uns. Dieses Beispiel ist entfernt verwandt mit der berühmten Einleitung aller „Asterix"-Bände, die wir kennen, lieben und die längst Kultcharakter besitzt.

„Wir befinden uns im Jahre 50 v. Chr. Ganz Gallien ist von den Römern besetzt... Ganz Gallien? Nein! Ein von unbeugsamen Galliern bevölkertes Dorf hört nicht auf, den Eindringlingen Widerstand zu leisten".

Das entsprechende gallische Dorf in den USA heißt „Fredericksburg" (Texas) und wurde 1846 von Otfried Hans Freiherr von Meusebach aus Dillenburg gegründet. Die unbeugsamen Einwohner, die zum großen Teil aus dem Westerwald stammten, lehnten Sklavenhaltung ab und weigerten sich, auf der Seite der Südstaaten-Armee im Sezessionskrieg zu kämpfen. Am 9. Mai 1847 schlossen die deutschen Einwanderer einen Friedensvertrag mit dem Indianerstamm der Comanchen. Es ist ein Zeichen für die deutsche Treue, dass bis heute dieser Vertrag nie gebrochen wurde. Bei einem Besuch in Fredericksburg, auch „Fritztown" genannt, spürt man den Stolz vieler Einwohner auf ihre deutsche Abstammung. Hier feiert man jährlich ein zünftiges „Oktoberfest", kann einen „Biergarten" besuchen, spricht ein interessantes „Texasdeutsch" („Stinkkatze" statt Skunk, „Kegeling statt Bowling, Haarbrush für Haarbürste), sieht „Fachwerkhäuser", „The Vereins-Kirche" auf dem „Marktplatz", man kann im Restaurant „Der Lindenbaum" gute deutsche Küche genießen, im „Gästehaus Schmidt" übernachten, die „Hauptstraße" entlang schlendern und im Antiquitätenladen „Der Alte Fritz" einkaufen. Zum Pionier Museums-Komplex gehört das „Fassel-Roeder-Haus" mit einer echten Musikbox aus Leipzig. Damit niemand auf falsche Gedanken kommt, steht an der Tafel der ehemaligen „White Oak School" eine Lebensweisheit der besonderen

Art: „Arbeit macht das Leben süß. Faulheit schwächt die Glieder".
Das Leitmotiv der Stadt ist zugleich Programm: „Texanische Gastfreundschaft, deutsche Kultur". Apropos deutsche Kultur. In der Advents – und Weihnachtszeit steht in Fredericksburg eine riesengroße Weihnachts-Pyramide im Erzgebirge Stil. Bei so vielen deutschen Wurzeln überrascht es niemanden, dass die Bürgermeisterin der Stadt Linda Langerhans heißt und eine geborene Krauskopp ist. Um das Element des Deutschstämmigen zu verstärken, wird Linda Langerhans im Stadtrat von Gary Neffendorf und Jerry Luckenbach unterstützt.

Wen wundert es angesichts dieser Daten noch, wenn Fredericksburg oft als die „deutscheste Stadt der USA" bezeichnet wird.

Na also, das gallische Dorf von Asterix, Obelix, Troubadix, Idefix und Majestix ist nicht Geschichte, es hat in Texas einen Nachahmer gefunden, und es lebt weiter.

Weniger aus Stolz als aus historischer Genauigkeit sei angemerkt, dass der republikanische Präsidentschaftskandidat 2016, Donald Trump, Enkel deutscher Einwanderer aus Kallstadt in der Pfalz ist; wie übrigens auch der Vater des Ketschup-Königs, Henry John „Heinz", aus demselben Ort stammt.

XI.   „Nichts ist unmöglich" - Sprache und Werbung

Manche Werbesprüche sind für die Ewigkeit geschaffen, sie entwickeln sich zu Ohrwürmern, sie bleiben im Gedächtnis hängen, und man erkennt sie sofort wieder. Ab dem Jahre 1966 warb die Deutsche Bundesbahn mit dem äußerst eingängigen Slogan „Alle reden vom Wetter. Wir nicht". (Angesichts von defekten Heizungen und defekten Klimaanlagen in ICE-Wagen wäre diese Werbung aktuell eher komisch als zutreffend.) „Die zarteste Versuchung, seit es Schokolade gibt" oder „Trau Dich zart zu sein" machten uns ebenso Lust auf Milka wie die lila Kuh. „Nichts ist unmöglich. Toyota" wurde zu einem Assoziations-Renner. Machen Sie einmal den Versuch in einer Gruppe und sagen den einfachen deutschen Satz „Nichts ist unmöglich". Mit Sicherheit wird Ihnen aus mehreren Kehlen „Toyota" entgegen schallen. Ähnlich hat sich in den Köpfen das Versprechen des früheren Versandunternehmens „Neckermann macht´s möglich" festgesetzt. Hörten Sie die drei Adjektive „quadratisch, praktisch, gut", dann dachten unwillkürlich die meisten Werbungskenner zu Recht an die Schokoladenmarke „Ritter Sport". Für den kleinen süßen Hunger gab es eine andere Wahl: „Mars macht mobil bei Arbeit, Sport und Spiel". Die Älteren erinnern sich an das impulsive „HB-Männchen" und die beruhigende Stimme „Halt, mein Freund. Wer wird denn gleich in die Luft gehen? Greife lieber zur HB, dann geht alles wie von selbst." „Heute bleibt die Küche kalt, wir gehen in den Wienerwald" oder „Persil bleibt Persil" gehörten ebenso in die Kategorie der eingängigen Werbesprüche wie „der Tag geht, und Johnnie Walker kommt".

Wollte man ein leichteres Getränk, griff man zu „Licher Bier", das garantiert " aus dem Herzen der Natur" kam.

Da fehlte zum Abschluss nur noch ein kräftiger Schluck „Klosterfrau Melissengeist", denn „nie war er so wertvoll wie heute". Wollte man es sich Zuhause so richtig gemütlich machen, dann hieß ein Geheimtipp „Romika-Schuhe", die versprachen „Reintreten und sich wohlfühlen", was auch zu unglaublich trittfesten Witzen wie „er hat ein Gesicht wie Romika-Schuhe, reintreten und sich wohlfühlen" führte. Es spricht für die Wirksamkeit von Werbetexten, dass sie nicht vor Verfremdungen gefeit sind. Das traf auch die Landesbausparkasse (LBS), die ihren verunsicherten Versicherten versprach: „Wir geben ihrer Zukunft ein Zuhause". Dieser Slogan führte auch zur ironischen Übernahme durch einen Beerdigungsunternehmer, was zu eher differenzierten Reaktionen führte.

Aber Schwamm drüber: „ Im Falle eines Falles klebt Uhu wirklich alles".

Eine Empfehlung, falls die Sehkraft nachlassen sollte: „Brille. Fielmann". Mit klarem Blick wird jedem klar: „Lidl lohnt sich". Aber natürlich gibt es auch gewöhnungsbedürftige Werbetexte, die zwar möglicherweise im Gedächtnis hängen bleiben, aber deshalb noch lange nicht zu den pfiffigen ihrer Gattung zählen. Prominente Beispiele sind der „Media Markt", der seine Kunden mit dem zweifelhaften Kompliment „Ich bin doch nicht blöd" becirct, und „Saturn" mit der provozierenden These „Geiz ist geil!".

Allen diesen Werbesprüchen, seien sie intelligent, kreativ oder von der Sorte „Aua", ist gemeinsam, dass sie originell waren, sich im Herzen, im Verstand, vor allem auch im Gedächtnis festsetzten und eine assoziative Verankerung bewirkten. Aber es besteht noch eine weitere Gemeinsamkeit, sie sind allesamt in deutscher Sprache und damit in deutschen „Bildern" verfasst. Aber auch wenn Werber mit dem Denglischen spielerisch umgehen, kann das zu originellen Ergebnissen führen.

Ein Beispiel: Über Hamburgs Straßen rollt ein alter amerikanischer Schulbus, der zu einer komplett ausgestatteten Küche umgebaut wurde. Diesen „Food Truck", der Großveranstaltungen, Wochenmärkte und private Feiern mit Burger aller Art beliefert und einen Mittagstisch anbietet, kann man „meaten", es ist folglich ein echter „Meatwagen" im doppelten Sinne. Dieses Wortspiel ist geistvoll, gerade weil es ein Spiel und kein krampfhafter Versuch ist, mit Anglizismen zu imponieren.

Dies ist in der Werbebranche ja nicht selbstverständlich.

Der Autobauer Opel hat seine Zielgruppe offensichtlich durch eine verschmutzte Frontscheibe im Blick. Für das Modell „Antara" fand man die wundervoll-unverständliche werbende Beschreibung „Explore the City Limits". Wer auf Grund dieser Werbung einen „Opel Antara" kauft, vor dem ziehe ich ausdrücklich den Hut. Was waren das noch Zeiten, als für den Opel-GT mit „Nur Fliegen ist schöner" und für den VW mit „er läuft und läuft und läuft" geworben wurde. Darunter konnte sich wenigstens jeder etwas vorstellen.

Manchmal kann man sich des Eindrucks nicht erwehren, dass sich die modernen Werbetexter häufig mehr als Englisch-Erzieher, denn als Werber für ihr Produkt zu verstehen scheinen. Entgegen vielen Mutmaßungen von Käufern bedeutet der Werbetext „Explore the City Limits" nicht, dass es eine Explosion an der Stadtgrenze gegeben habe.

Einige Studien belegen, dass nur etwa jeder vierte deutsche Konsument die beabsichtigten Botschaften der englischen Werbetexte überhaupt versteht.

Der international vielleicht erfolgreichste Werbetexter David Ogilvy hat in seinem Buch „Bekenntnisse eines Werbemanns" dies sehr einleuchtend begründet. Um seine Argumente zu verstehen, benötigt man weder einen Fachmann noch einen Werbepsychologen. Der gesunde Menschenverstand reicht völlig aus. „Wenn nicht ein besonderer Grund zur Feierlichkeit vorliegt, so schreiben Sie Ihre Texte in der Sprache, die Ihre Kunden im alltäglichen Leben sprechen". (71) Wer könnte dieser Aussage ernsthaft widersprechen?

In diesem Sinne las im Mai 2006 der Kleinaktionär Dr. Geert Teunis auf der Hauptversammlung der Volkswagen AG den Konzernverantwortlichen so richtig die Leviten. „Bei erfolgreicher Werbung für Automobile ist das Wichtigste die Interaktion von Sprache und Bild. Allerhöchste Priorität muss der Verständlichkeit und der Eingängigkeit der Botschaft zukommen". Bei Volkswagen werde dieser werbepsychologische Grundsatz seit Jahren verletzt, weil zunehmend für Produkt- und Funktionsbeschreibungen englische Bezeichnungen verwendet würden. „Wenn der Kunde so nachhaltig an Volkswagen gebunden werden soll, muss die Sprache stimmen. Die ist für Sprechende nun mal Deutsch und kein deutsch-englisches Mischmasch." Dann schildert er seine persönlichen Erfahrungen. „Ich habe vor einigen Monaten einen Passat bestellt und dabei erfahren, dass man fundierte Englischkenntnisse braucht, um alles zu verstehen, was angeboten wird." Das kann man sehr gut nachvollziehen, wenn man erfährt, dass die Ausstattungen dieses Passats „Trendline", „Highline", Sportline" oder Comfortline" heißen. Bei den

Farben wurde es auch sprachlich sehr farbenfroh, so „dass es mir wegen der vielen englischen Qualifizierungen einfach zu bunt wurde, bei denen man sich offenbar nicht die Mühe gemacht hat, nach deutschen Äquivalenten zu suchen. Ich darf wählen zwischen Candy-Weiß, Granite Green, Arctic Blue, Silver, Wheat Beige, Shadow Blue, United Silver". Besonders toll wurde es bei der Bezeichnung für die unterschiedlichen Motoren. Da gab es FSI („Fuel Stratified Injection") oder den FSI 4Motion, was den Allradantrieb bezeichnen soll. Teunis stellte allerdings klar: „Der Berater weiß nicht, dass die korrekte Übersetzung für Allrad „Four wheel drive" heißt." Der forsche Kleinaktionär ist nicht der Einzige, der sich die entscheidende Frage stellt: „ Gibt es wirklich keine treffenden deutschen Namen für unser deutsches Produkt? Wo bleibt die Kreativität unserer Werbeabteilung?". (72)

Das ist vielen aus dem Herzen gesprochen. Doch ausgerechnet die Werbeabteilung als Retter in der Sprachnot anzurufen, gleicht ein wenig dem System, den Zündler zum Feuerwehrmann zu machen. Aber wenn diese Erkenntnisse doch so offensichtlich sind, warum fällt es dann nur vielen Werbetextern so schwer, diese logische Einsicht in ihre Arbeit einzubeziehen? Es wäre eine furchtbare Vermutung, dass es manchen Werbeexperten mehr um ihre künstlerische Selbstverwirklichung ginge als um das Produkt, das sie eigentlich anpreisen sollen. Wollen sie vielleicht bei ihren Kollegen in anderen Werbeagenturen Eindruck schinden und dafür lieber die Verständlichkeit opfern? Glauben sie wirklich, auf diese Weise weltmännischer zu erscheinen? Vieles spricht für diese Annahme.

Zwischen den Werbetexten, die ausschließlich in deutscher Sprache, und denen, die ausschließlich in englischer Sprache verfasst worden sind, gibt es eine weitere Variante: Die denglische. Ein Artikel über Europas größten Abenteuerspielplatz, „Area 47" in Tirol liefert wichtige Hinweise auf diese denglische Variante. Wir versetzen uns in die Schönheit des Ötztals, in dem „Ötzi" vor über 5200 Jahren umher streifte, wir stellen uns das Naturereignis der berühmten Imster Schlucht mit gurgelnden Gebirgsbächen vor. Dazu passt die Beschreibung der „Outdoor-Action" wie die Faust aufs Auge. Vom „Megaswing" geht es zur „Riversurfwelle", weiter zur „Wakeboardanlage", zum „Cannonball", ehe man in das „Lakeside"-Restaurant einkehren kann. Nachdem wir gestärkt und erfrischt sind, warten schon „Rafting", „Highspeed-Paddeln", „Blobbing", „Canyoing" und der Hochseilgarten „Air Trail" auf uns. Wenn irgendwann das Bedürfnis nach „Action" gestillt ist, dann heißt es „over".

„Hey Ötzi, do you feel gut?".

Spätestens, wenn unser Freund aus der Jungsteinzeit den neusten „Beauty-Trend" aus der Welt der Fingernägel hören könnte, würden sich seine Fußnägel aufrollen. Das können wir aber ästhetisch lösen. Douglas hat jetzt endlich einen Nagellack auf den Schönheitsmarkt gebracht, der eine tolle Innovation darstellt und auf den die Welt sehnsüchtig gewartet hat: „Sugar-Crush- Nagellack", das ist „bunter Zucker für Ihre Fingerspitzen". Wer sich noch nicht so ganz wagt, dieses Produkt zu benutzen, für den gibt Douglas sofort Entwarnung. „Wer Angst haben sollte, dass es nach der Anwendung auf den Nägeln aussehen könnte, als wäre ein Candyland explodiert, den können wir beruhigen". Na Gott sei Dank. Doch es gibt Alternativen. Wie wäre es denn mit „Bubble Nails" oder zur Not mit einer „Nail Polish Diet"? Diese angebliche Diät-Wirkung beruht auf einem ebenso angeblichen Zusammenhang zwischen Nagellackfarbe und Hungergefühl. Falls Sie einmal einen Selbstversuch unternehmen möchten: Rot und Weiß machen mächtig Hunger, blaue und graue Töne sind die besten Appetithemmer. „Ich nehme heute red flavour, ich bin hungry".

Die Welt ist auch zu Gast im idyllischen hessischen Spessart. Dort ist der Stammsitz eines sehr großen Familienunternehmens für Berufskleidung, Sicherheitsschuhe und Arbeitsschutz, das Betriebe in Europa, Asien und Afrika unterhält. Die Geschichte dieser Firma ist imponierend. Aus einem einfachen Handel mit Besen und Bürsten ist ein Unternehmen mit nahezu Monopolcharakter entstanden. Über dem Eingang des ebenfalls imponierenden 50.000 Quadratmeter großen Verkaufsgeschäfts prangt unübersehbar das Schild „Workwearstore". Nach Angaben der Firmeninhaber ist dies der „Flagshipstore" des Unternehmens.

Neben dem Eingang hängt ein farbiges, sympathisches Werbeplakat „Workwear. Für Jedermann". Es wäre interessant zu erfahren, wer von den Kunden, die überwiegend Handwerker aus der Region sind, mit „Workwearstore" oder „Flagshipstore" etwas anfangen kann, geschweige denn, wer sich davon emotional angesprochen fühlt. Ich vermute, die Kunden kaufen, weil Qualität und Preis im „Workwearstore" im Spessart stimmen.

Aber in einem „Workwearstore" einzukaufen, macht auch Hunger und Durst. Dann kann man 30 Kilometer weiter westlich nach Hanau fahren, wo (ausgerechnet) die Brüder Grimm geboren wurden. Dort lockt in einem „Forum Hanau" der „interessante Drink & Foodcourt", in dem „jeden Tag frische mongolische, japanische, chinesische und thailändische Spezialitäten", aber auch „klassische italienische Küche" geboten werden. Gott sei Dank gibt es neben den Leckerbissen in den Restaurants auch „Take aways".

Aber es besteht immer Hoffnung, auch in der Werbebranche, denn wo Herrschaft übermütig wird, da regt sich Widerstand.

Es verfehlt offensichtlich nicht seine ökonomische Wirkung, wenn beispielsweise Kunden die Werbung für ein Produkt nicht verstehen oder gar völlig missverstehen, wenn sich übertriebene, sprachverhunzende Anglizismen vor allem aus den künstlich-künstlerischen Laboren der Werbetexter als regelrechte Rohrkrepierer entpuppen. Getreu dem pädagogischen Lehrsatz „Lernen ist Verhaltensänderung durch Einsicht" haben einige Firmen ihre Lehren gezogen, nachdem sie vermutlich Lehrgeld gezahlt hatten

Der Parfümeriekonzern „Douglas" textete einst für den deutschen Markt: „Come in and find out". Nachdem manche Kunden diesen Slogan als die Aufforderung „Komm´ rein und finde wieder raus" missverstanden hatten, zog „Douglas" daraus die Konsequenz und fand aus diesem Werbespruch selbst wieder heraus. Jetzt heißt es sympathisch und vor allem für jeden verständlich: „Douglas macht das Leben schöner"; das ist nicht nur sprachlich, sondern auch gefühlsmäßig viel schöner.

McDonald´s wechselte nach schlechten Erfahrungen rasch von „Every time a good time" zu „Ich liebe es", und C&A wirbt jetzt statt mit „Fashion for living" mit dem neuen Motto „Preise gut, alles gut". Also, es geht doch.

Ende gut, alles gut?

Der Fernsehsender Sat.1 wollte mit dem machtvollen Satz „Powered by emotion" Aufmerksamkeit erregen, was jedoch vielfach fatalerweise häufig mit „Kraft durch Freude" übersetzt wurde.

Diese peinliche und historisch belastete Übersetzung freute wiederum Sat.1 wenig, der Sender reagierte, und jetzt heißt es schlicht: „Sat.1 zeigt´s allen".

Den absoluten Vogel an passgenauer Fantasie schoss Coca Cola ab, das es wirklich allen zeigte. Mit dem Kampagnentitel für die Fußball-Weltmeisterschaft 2006 „It´s your Heimspiel – MAKE IT REAL" gelang dem Getränkehersteller, der „deutschen Coca-Cola Organisation", eine perfekte Zielansprache für die Millionen deutscher Fußballfans. Einfach weltmeisterlich.

Da fällt mir ein guter Rat an die Coca Cola-Werber ein: „Mach´ mal Pause". Man kann sich auch am „Job-Board", das früher „schwarzes Brett" hieß, nach einem Ausbildungsplatz umsehen. Guter Tipp: Besuchen Sie den „EDEKA Super Challenge", denn die bieten einen „Inhouse Day" für interessierte Bewerber an.

"Natürlich müssen die Bewerber fließend Deutsch können! Was dachten Sie denn?!"

c Götz Wiedenroth www. wiedenroth-karrikatur.de

XII.   „Wie schön Du bist".

Manchmal sind es ganz harmlose, unspektakuläre Dinge, die zu sensiblen Indikatoren sprachlicher und gesellschaftlicher Veränderungen werden können. Ein Beispiel ist die Geschmacksentwicklung in der Schlager–und Popmusikszene. Die Älteren werden sich erinnern. Nach dem 2. Weltkrieg waren deutsche Schlager populär. Viele Menschen erfreuten sich an den nicht immer gerade literaturfähigen Texten, und selbst Interpreten aus dem angelsächsischen Raum drängten mit deutschen Texten und eigenartig klingendem Akzent auf den deutschen Schlagermarkt.

Eine Auswahl vom Feinsten: Elvis Presley, der „King of Rock and Roll", der zwischen dem 1. Oktober 1958 und dem 2. März 1960 im hessischen Friedberg stationiert war, aber privat in Bad Nauheim wohnte, schmetterte in dieser Zeit sein „Muss i´ denn zum Städtele hinaus". Paul Anka besang „Zwei Mädchen aus Germany" und „Auf dem Standesamt von Laramie". Die „Beatles" aus Liverpool nahmen – übrigens gegen ihren Willen – auf Druck der Schallplattenfirma eigens für ihre deutschen Anhänger die deutschen Versionen von „She loves you" („Sie liebt Dich, yeah,yeah,yeah") und „I wonna hold your hand" („Komm gib mir Deine Hand") auf. Sensationell. Die Eurovision-Song-Contest-Gewinner von 1974, die schwedische Gruppe „ABBA", präsentierte ihren Siegertitel „Waterloo" ebenfalls als Co-Version in Deutsch; wahrscheinlich nicht nur aus sprachästhetischen Gründen.
Cliff Richard schickte seinen Erfolgstitel „Lucky lips" in der deutschen Übersetzung „Rote Lippen soll man küssen" in das Schla-

gerrennen. Selbst in Deutschland lebende Angelsachsen wie Gus Backus trugen mit Titeln wie „Der Mann im Mond" oder „Ich esse gerne Sauerkraut und tanze gerne Polka" zur kulturellen Bereicherung bei. Das galt ebenso für Bill Ramsey mit „Pigalle", „Souvenirs" und der Literatur-Ode „Ohne Krimi geht die Mimi nie ins Bett", für Connie Francis („Die Liebe ist ein seltsames Spiel'), Roger Whittaker („Abschied ist ein scharfes Schwert"). Auch der Trompeter Billy Mo bekannte sich zu seinen Einkaufsgewohnheiten und ließ uns alle wissen: „Ich kauf mir lieber einen Tirolerhut", und Mr. Pumpernickel Chris Howland ließ uns an seinen persönlichen Spargewohnheiten teilhaben: „ Und dann hau´ ich mit dem Hämmerchen das Sparschwein kaputt".

Die Schallplattenfirmen und die Interpreten sprangen auf den damals vorherrschenden Zug des musikalischen Geschmacks auf und entschieden sich aus überwiegend ökonomischen Gründen für Lieder in deutscher Sprache. So hatten auch erfolgreiche wie gut gemeinte „Cover-Versionen" internationaler Titel in den 1960er und 1970er Jahren durchaus gute Erfolge bei den deutschen Schallplattenkäufern.

Beim internationalen Musikwettbewerb „Grand Prix Eurovision de la Chanson" war es Jahrzehnte (1956-2001) lang selbstverständlich und teilweise sogar vorgeschrieben, dass jeder Interpret in seiner Landessprache sang.

Nicole siegte 1982 im Geiste von „Frieden schaffen ohne Waffen" mit dem die damalige Gefühlswelt berührenden sanften Lied „Ein bißchen Frieden". Aber die Erde drehte sich und damit auch die Schlagerwelt. Im Jahre 2002 mutierte der „Grand Prix" zum „Eurovision Song Contest". Bis auf eine einzige Ausnahme und auch diese nur zur Hälfte (Roger Cicero: „Frauen regier´n die Welt", 2007) wurden danach alle deutschen Beiträge ausnahmslos in englischer Sprache vorgetragen, und so siegte im Jahre 2010 auch die „Königin der Herzen", Lena Meyer-Landruth, folgerichtig mit dem englischsprachigen Titel „Satellite".

Aber auf den absoluten Höhepunkt an sprachlichem Einfallsreichtum mussten die Zuschauer des öffentlich-rechtlichen Fernsehens noch einige Jahre warten. Dem „Musikantenstadl", der seit 1981 sein Publikum mit volkstümlicher Musik unterhielt, wurde 2015 eine „coole" Verjüngungskur, so zu sagen ein „Anti-Aging" in Reinform, verordnet. Durch eine geniale Namensänderung wurde aus dem „Musikantenstadl" – man glaubt es nicht –die „Stadlshow". Der rustikale Stadl mit der Atmosphäre süddeutscher Scheunengemütlichkeit wird mit der glitzernden Show zwangsvermählt. Schlimmer geht´s nimmer. Doch manchmal ist die Welt gerecht, nach zwei Ausstrahlungen wurde die Sendung abgesetzt.

Aber es sind auch bescheidene Hoffnungsstreifen am musikalischen Sprachhorizont erkennbar. Der „Hessische Rundfunk" sendet beispielsweise in seiner Pop-Welle HR 3 jeden Sonntagabend eine Stunde lang in „100 pro Deutsch" ausschließlich „Rock- und Pop-Titel" in deutscher Sprache. Die deutsche Pop-Sängerin Sarah Connor, die bisher ausschließlich mit englischen Titeln wie „From Sarah with love", „Let´s get back to bed – Boy", „From Zero to Hero" oder „Living to love you" ihre Erfolge feierte, veröffentliche 2015 ein neues Album, das sie - ungelogen - „Muttersprache" nannte. (Empörend finde ich die feministische Erklärung des Begriffs „Muttersprache", es heiße Muttersprache, weil die Männer ohnehin nichts zu sagen hätten.) In einem der Titel des Albums fragt Sarah Connor:

„Weißt Du denn gar nicht, wie schön Du bist?".
Vielleicht ist ja damit auch ein klein wenig die deutsche Muttersprache gemeint?

Globalisierung am Beispiel der Stadt Offenbach am Main!

XIII.   Sprechen wir bald alle „Globish"?

Für uns ist eine Welt ohne Sprache nicht vorstellbar.

Aber welche Sprache oder Sprachen werden wir in Zukunft sprechen?

Auguren mutmaßen, im Privaten, im trauten Heime bleibe das Deutsche als regionale Kuschelsprache erhalten. In den offiziellen, geschäftlichen, politischen Anlässen wird das Englische oder das, was viele dafür halten, zum verbindenden Element der Kommunikation, zur globalen Verkehrssprache. Im Jahr 2005 erschien ein neuer Begriff für diese Form des Radebrechens: „Globish" war geboren. In einem Artikel für die „International Herald Tribune" prägte der Franzose Jean-Paul Nerrière (73) diesen Ausdruck, der als ein weltumspannendes Medium das 21. Jahrhundert beherrschen könnte. Seine Wortschöpfung beruht auf eigenen Beobachtungen und Erfahrungen, als er für den IBM-Konzern in Japan arbeitete. Dort fiel ihm auf, dass die Nicht-Muttersprachler bei den gemeinsamen Konferenzen sehr viel erfolgreicher mit den koreanischen oder japanischen Kunden kommunizieren konnten als die britischen oder amerikanischen Direktoren. Das Standard-Englisch sei zwar gut und schön für die englischsprachigen Gesellschaften, aber dort draußen in der größeren, weiteren Welt werde ein nicht-muttersprachliches, „entkoffeiniertes" Englisch zum neuen globalen Phänomen. Nerrière war fest davon überzeugt, dass auf Dauer der Gebrauch des Globish dazu führen würde, den Einfluss der englischen Sprache drastisch zu reduzieren. Der Franzose fand bald Nachahmer. Der „Times"- Journalist Ben Macintyre verfolgte auf dem Flughafen von Neu Dehli einen Dialog zwischen einem Spanier und einem

Inder. „Der Inder sprach kein Spanisch, der Spanier kein Punjabi. Die Sprache, die sie benutzten, war eine sehr vereinfachte Form des Englischen, ohne Grammatik oder Struktur, aber perfekt verständlich, für sie beide und auch für mich. Erst jetzt merkte ich … dass sie „Globish" sprachen, die neueste und am weitesten verbreitete Sprache der Welt". (74)

Plötzlich war es in vieler Munde, das „Globish". Doch noch offenbarten die Umschreibungen dieses Phänomens einen verschämten Minderwertigkeitskomplex gegenüber dem Englischen, der ehrwürdigen Sprache Shakespeares.

„Globisch", die „Tochtersprache" der dominierenden Mutter Englisch, „abgespecktes Englisch", englische „Schrumpfform" oder „entkoffeiniertes Englisch" lauteten die Beschreibungen. Und schon erscheinen Bücher, in denen dieser Neologismus „Globish", der sich aus global und englisch zusammensetzt, als ein linguistischer Heilsbringer, als eine moderne lingua franca oder als der „dritte Weg" gepriesen wird. Oliver Baer begibt sich auf den Pilgerweg von „Babylon nach Globylon" und ist begeistert: „Mit Globish besitzt die Weltsprache einen Namen und ein eigenes Bedeutungsfeld, das sich von alleine durchsetzen wird". (75) Zugleich versucht er, der Einschätzung, „Globisch" sei doch eher minderwertig, entgegen zu wirken.

Nahezu beschwörend klingt seine Verteidigung: „Globisch ist ordentliches Englisch, es ist keine Spezialsprache mit eigenem Vokabular". Das ist vollkommen richtig, wenn man auf den 1887 künstlich entwickelten Weltsprachenversuch „Esperanto" schaut. Aber Baer sieht noch andere Vorteile: „Die globische Rechtschreibung verwendet die Buchstaben, Zeichen und Zahlen des Englischen. Es verwendet die englische Grammatik. Es hört sich an wie Englisch mit den Regional- und Dialektakzenten aus aller Welt".

Neu und originell sind diese Beobachtungen nicht. Nahezu jeder hat diese Erfahrungen schon selbst erlebt. Das Neue daran sind zunächst der Namen, der dieser Erscheinung gegeben wird, und der Versuch einer Präzisierung und Systematisierung von Wortschatz und Grammatik. Darauf hätte man ja auch selbst kommen können. Jean-Paul Nerrière überließ jetzt nichts mehr dem Zufall. Er veröffentliche zwei Sprachbücher, in denen er die Grundlagen seines „Globish" näher beschrieb und einen Basiswortschatz von 1500 englischen Wörtern entwickelte.

Diese sollten nach seiner Überzeugung für die internationale Kommunikation notwendig und deren Satzstellungen von jeglicher idiomatischer Wendungen befreit sein. Das macht die Einordnung nicht leichter, denn damit hat der neue Sprachheld „Globisch" sowohl Elemente einer konstruierten als auch einer lebenden Sprache.

Rudolf Walter Leonhardt hatte in der Wochenzeitschrift „Die Zeit" bereits 1994 seherische Gaben entwickelt: „Das Basic Englisch kommt mit 850 Wörtern aus. Das Englische ist Weltsprache geworden auch und vor allem deswegen, weil es „pidginisierbar" ist" (76). Zwischen „Globisch" und „Pidgin-Englisch" besteht demnach kein so großer Unterschied.

Werden wir am Ende alle zu Geschwistern der Blumenverkäuferin Eliza Doolittle aus dem Musical „My Fair Lady", die mit einer neuen Sprache zugleich in eine neue Identität schlüpfte. Wer kann uns garantieren, dass dieses Globisch nicht dazu führt, dass schleichend die anderen Sprachen zunächst ausgedünnt werden, mehr und mehr in Vergessenheit geraten, um dann am Ende dieses Prozesses endgültig zu verschwinden? Ein neuer Vorgang wäre dies nicht, denn „durchschnittlich sterben jährlich 25 Sprachen aus", (77) wie der französische Linguist Claude Hagège („La mort des langues") schreibt.

Ohne allzu großer Pessimist zu sein, kann man behaupten, dass sich angesichts der technischen Entwicklung, angesichts der ökonomischen und politischen Weltlage die tendenzielle Entwicklung zu einer globalen Einsprachigkeit, die Jürgen Trabant „den Triumph der Dummheit" nennt, fortsetzen wird, und „Globisch" besitzt sicher gute Aussichten auf die Sprach-Pole-Position.

Nur muss dann zugleich auch den Befürwortern klar sein, dass damit eine Veränderung der „Welt-Kultur" und der Verlust von eigenständigen Kulturen verbunden sind. „Da gehen ganze Bibliotheken von angesammeltem Wissen einfach unter", menetekelt Trabant. (78) Die Unterschiedlichkeit dieser Kulturen beruht zu einem großen Teil auf den unterschiedlichen Sprachen, da Wahrnehmung und Weltsicht nicht objektiv sind und der Mensch begrifflich denkt.

Denkt man die gegenwärtige Entwicklung mit der zunehmenden Dominanz des Anglo-Amerikanischen konsequent und linienverlängert zu Ende, dann kommt man zwangsläufig zu dem Bild, das Jürgen Trabant als eine eher finstere Prognose gezeichnet hat.

„In der politischen und kulturellen Realität haben die verschiedenen Sprachen sowieso keine guten Karten. Die Globanglisierung setzt den Prozeß der sprachlichen Vereinheitlichung der Welt brutal fort. Waren bis ins 20. Jahrhundert die Nationalstaaten die Sprachkiller der auf ihren Territorien gesprochenen „kleineren" Sprachen, so sind nun die „großen" Staats- und Kultursprachen selbst die Opfer. Die Staatssprachen werden aus der höheren Diskurswelt wieder hinausgedrängt, die sie erst seit dem 16. Jahrhundert erobert haben und noch bis vor kurzem innehatten: aus Wissenschaft, Technik und Bussiness. Das bleibt natürlich nicht ohne Folgen für den verbleibenden Rest dieser Sprachen: Wie die alten ethnischen Sprachen und wie die alten Dialekte rutschen sie ins Private und Folkloristische." (79)

Das wäre schade und auch ungerecht, aber es ist vielleicht unausweichlich. Günther Oettinger, Sprach-Autodidakt, EU-Kommissar und Ministerpräsident a.D., hat sich in einem Interview mit dem Südwestdeutschen Rundfunk als weitsichtige Kassandra erwiesen. „Englisch wird die Arbeitssprache. Deutsch bleibt die Sprache der Familie und der Freizeit, die Sprache, in der man Privates liest". (80) Das klingt aus seinem Mund überzeugend und glaubwürdig, denn die Baden-Württemberger sagen ja von sich selbst: „Wir können alles. Außer Hochdeutsch." Das genügt auch völlig, wenn man im eigenen Häusle wohnt.

Ähnlich sehen das auch einige musikalische „Hilfstruppen wie die Kölner Rockband BAP („Alles em Lot", „Von drinne oh Drusse"), Joy Fleming („Mannemer Neggabriggebluus", „Butzekrampel"), die Black Föös („Mer lasse d´r Dom in Kölle", Ina Müller („Dörp Reggae") oder die hessischen Rodgau Monotones („Ei gude, wie?", „Hörmerdochuff", „Erbarme, zu spät, die Hesse komme"). Sie stehen aus Überzeugung für das musikalische Bekenntnis zu ihrem Dialekt und dessen Gefühl.

Günther Oettinger steht mit seiner Meinung nicht allein. Er bekommt prominente Schützenhilfe von unserem Bundespräsidenten höchstpersönlich. In einer Rede am 22. Februar 2013 über „Europa" im Schloss Bellevue legte der erste Mann im Staat seine Sicht der Sprach-Dinge dar und forderte: „Mehrsprachigkeit schließlich für alle". Seine Idealvorstellung klingt hoffnungsfroh. Aber angesichts der bekannten Haltung des Kleinbeigebens gegenüber dem Englischen offenbart sie eher Resignation. Joachim Gauck will die „Beheimatung in der eigenen Muttersprache und ihrer Poesie und ein praktikables Englisch für alle Lebenslagen und Lebensalter". (81)

Entkleiden wir diese Aussage ihrer diplomatischen Verbrämung, dann spricht sich der deutsche Bundespräsident ohne Wenn und Aber für die gemeinsame Verkehrssprache Englisch in Europa aus. Das ist erstaunlich aus dem Mund des deutschen Staatsoberhauptes; von der Queen hätte ich diese Haltung verstanden.

Hat er seine starken Worte wirklich so richtig durch – und zu Ende gedacht? Meint er wirklich, wir sollten unsere Sprache in den Bereich der eher unverbindlichen Lebensbereiche, in die heimischen vier Wände abdrängen lassen? Sein Begriff der „Beheimatung" erinnert irgendwie an das Bild des Philosophen Martin Heidegger vom Sein, das im „Haus" seiner Sprache „wohnt". Dann würde das Wunschbild des Bundespräsidenten bedeuten, dass wir für das öffentliche Leben eine geräumige Mietwohnung beziehen und für das Private eine Eigentumswohnung kaufen, die wir gemütlich eingerichtet haben und in der wir uns wohlfühlen. Sind „Rent" und „Buy" verschiedener Wohnungen, die vielleicht noch „for sale" sind, der richtige Weg in die sprachliche Zukunft?

Eigentlich müsste eine solch komplizierte Lösung nicht sein, denn es gibt eine Alternative. Jeder besucht doch gerne Freunde in deren

Wohnung, um miteinander zu sprechen, zu feiern, um fremde Eindrücke zu sammeln, um neue Anregungen zu gewinnen, um andere Luft zu schnappen. Aber wenn der Besuch zu Ende ist, kehrt man auch gerne wieder zufrieden in seine eigenen vier Wände zurück.

Im übertragenen Sinne bedeutet dieses Bild, dass es immer einen Gewinn an Lebenserfahrung, an Eindrücken und an Reiz darstellt, mit anderen Kulturen und mit anderen Sprach-Welten in Berührung zu kommen

Die eigene Sprache ermöglicht ihrem Sprecher ein gesichertes Wohnen in den eigenen Räumlichkeiten, die man kennt und die man sich selbst gemütlich eingerichtet hat. Doch es gibt offensichtlich viele Menschen, die nicht für alle Zeiten, immer und ewig nur in ihrer eigenen Wohnung leben möchten, so schön und gemütlich sie auch sein mag.

Daher besitzt die Kenntnis fremder Sprachen eine besondere Bedeutung für den Einzelnen, aber das muss doch nicht zwangsläufig heißen, dass die fremde Sprache die eigene völlig ersetzen soll.

Ein poetisches Bild für diesen Gewinn an Lebenserfahrung zeichnet der irische Publizist Frank Harris: „Jede neue Sprache ist wie ein offenes Fenster, das einen neuen Ausblick auf die Welt eröffnet und die Lebensauffassung weitet".

Das ist richtig, aber es gibt auch Zeiten, da möchte man das Fenster einfach geschlossen halten. Letztlich ist es doch nur wichtig, dass man die Möglichkeit hat, frei darüber entscheiden zu können, ob man das Fenster geöffnet oder geschlossen halten möchte oder ob man aus freien Stücken zwischen verschiedenen Wohnsitzen hin– und herpendelt. Fatal wird es allerdings dann, wenn man ohne festen Wohnsitz und ohne Wurzeln leben soll.

Einem, der die bittere Erfahrung kennt, keine Wohnung und keine Wurzeln mehr zu haben und der auch um die Bedeutung der Muttersprache weiß, soll das letzte Wort gebühren.

Es ist der Schuster Wilhelm Voigt, besser bekannt als der Hauptmann von Köpenick. Auf die Frage, warum er denn wieder nach Deutschland zurückgekommen sei, antwortet er: „Ick sage ja, det war dumm von mir. Aber ick habe mir heimjesehnt. Da unten, da sinse alle janz anders, und da redense ooch janz anders. Und da hat nu schließlich der Mensch seine Muttersprache, und wenn er nischt hat, dann hat er die immer noch" (82).

* * * * * *

Literaturhinweise:

1   Stein, Hannes: Enzyklopädie der Alltagsqualen. Frankfurt am Main. 2006, S.42.
2   Eggers, Hans: Deutsche Sprachgeschichte (4 Bände). Reinbek. 1963 – 1977.
3   Schrodt, Richard: Warum geht die deutsche Sprache immer wieder unter? Wien. 1995.
4   Schreiber, Mathias: Rettet dem Deutsch. In: Der Spiegel 40/2006.
5   Schreiber, Mathias: Rettet dem Deutsch, a.a.O.
6   Schneider, Wolf: Speak German ! Reinbek.2008, S. 109.
7   Trabant, Jürgen: Globalesisch oder was? München, 2014.
8   Dey, Heinz-Dieter: Das Sprachensterben. Stehen wir vor einem kulturellen Selbstmord? In: Sprachenwelt. O.J.
9   Schreiber, Mathias: Rettet dem Deutsch, a.a.O.
10 Eggers, Hans: Deutsche Sprachgeschichte. Reinbeck. 1993, S. 21.
11 Siedenberg, Sven: Lost in Laberland. München. 2010, S. 9.
12 Schneider, Wolf: Hottentottenstottertrottel. Reinbek. 2005.
13 Kaehlbrandt, Roland: Deutsch für Eliten. Stuttgart. 1999, S. 16.
14 Göttert, Karl-Heinz: Warum die deutsche Sprache überleben wird. In: Die Welt, 10. März 2009.
15 Grimm, Jacob: Über den Ursprung der Sprache. Berlin. 1851, S. 184f.
16 Burckhardt, Jacob: Zit. nach Knape, Joachim u.a.: Und es trieb die Rede mich an. Tübingen. 2008, S. 48.
17 Hochhuth, Rolf: Jacob Grimm oder Angst um unsere Sprache. 3. November 2001.
18 Traumberuf „Anglizist-that´s fine". In: Süddeutsche Zeitung, 22. März 2007.
19 Graf, Heinz-Jörg: Wie deutsche Unternehmen ihre Muttersprache vernachlässigen. In: Deutschlandfunk, 29. Juli 2007.
20 Schreiber, Mathias: Rettet dem Deutsch, a.a.O.
21 Sick, Bastian: Der Dativ ist dem Genitiv sein Tod. Köln. 2004, 2005, 2006, 2009,2013.
22 Ruhlen, Merritt/Bengtson, John D.: Global Etymologies. 1994.
23 Limbach, Jutta: Hat Deutsch eine Zukunft? München. 2008, S. 10.
24 Boldt, Christine: Vom Segen der babylonischen Sprachverwirrung. In: Der Tagesspiegel, 12. Juli 2008.
25 Srowig, Meike: Das große Sprachensterben. In: 3SAT, 10. Dezember 2015.
26 Schreiber, Mathias: Rettet dem Deutsch, a.a.O.
27 Riegel, Herman: Ein Hauptstück von unserer Muttersprache. Braunschweig. 1883, S.41f.
28 Grimm, Jacob; Grimm, Wilhelm: Das Deutsche Wörterbuch. Leipzig. 1854.
29 Krauß, Christian: Zu doof, um „hallo" zu sagen. In: Forum, 30. Oktober 2015.
30 Spitzer, Manfred: Digitale Demenz. München. 2012.
31 Stuff, Britta: Hi. Huhu. In: Der Spiegel 51/2015.
32 Graff, Bernd: Überinszeniertes Ich. In: Süddeutsche Zeitung, 31. Oktober 2015.
33 Köhler, Thomas R.: Der programmierte Mensch. Frankfurt/Main. 2012.
34 Heidegger, Martin: Brief über den Humanismus. Frankfurt/Main. 1949.
35 Humboldt, Wilhelm von: Schriften zur Sprache. Frankfurt/Main. 2008, S. 80 ff.
36 Grimm, Jacob: Rede bei der 1. Germanisten-versammlung. Frankfurt/Main. 1846.
37 Grimm, Jacob; Grimm, Wilhelm: Das Deutsche Wörterbuch, a.a.O.
38 Arndt, Ernst Moritz: Ueber Völkerhaß und über den Gebrauch einer fremden Sprache. Leipzig. 1813, S. 34.
39 Schopenhauer, Arthur: Die Welt als Wille und Vorstellung II. Leipzig. 1819.
40 Schopenhauer, Arthur: Über Sprache und Worte. Leipzig.
41 Worf, Benjamin: Sprache, Denken, Wirklichkeit. 25. Aufl. Reinbek. 2008.
42 Müller, Herta: Heimat ist das, was gesprochen wird, Saarbrücken, 2001, S. 17 f.
43 Srowig, Meike: Das große Sprachensterben. In: 3SAT, 10. Dezember 2015.
44 Deutscher, Guy: Warum die Welt in anderen Sprachen anders aussieht. München 2013.
45 Böttcher, Baas: Die Macht der Sprache. In: Limbach, Jutta (Hrsg) Die Macht der Sprache. München. 2008, S. 20.
46 Schreiber, Mathias: Rettet dem Deutsch, a.a.O.
47 Sternberger, Dolf u.a.: Aus dem Wörterbuch des Unmenschen. Hamburg 1957.
48 Orwell, George: 1984. Zürich. 1950.
49 Böll, Heinrich: Die Sprache als Hort der Freiheit. 1958.
50 Eggers, Dave: Der Circle. Köln. 2014.
51 Lammert, Norbert: Sprecht endlich wieder deutsch! In: Focus, 31. Januar 2011.
52 Lammert, Norbert, a.a.O.

53   Lammert, Norbert, a.a.O.

54   Hebel, Johann Peter: Kannitverstan. In: Rheinischer Hausfreund. 1808.

55   Bichsel, Peter: Ein Tisch ist ein Tisch. In: Kindergeschichten. Darmstadt. 1969.

56   Sander, Jil: FAZ-Magazin, 22- März. 1996.

57   Westerholt, Florian von: Der kleine Erziehungsratgeber („Giften"). HR 3.

58   Twain, Mark: Die schreckliche deutsche Sprache. In: Bummel durch Europa. 1969.

59   Tschinag, Galsan. Zit. nach: Zeitler, Volker: Guardiola und die Liebe. In: Die Welt, 20. September 2013.

60   Borges, Jorge Luis: Lob der deutschen Sprache. Buenos Aires. 1972.

61   Grass, Günter: Grimms Wörter. Eine Liebeserklärung. Göttingen. 2010.

62   Tabori, George: Liebeserklärung. Dankesrede für „Georg-Büchner-Preis 1992".

63   Krämer, Walter; Kaehlbrandt, Roland: Lexikon der schönen Wörter. München. 2011.

64   Kaehlbrandt, Roland: Logbuch Deutsch. Frankfurt/Main. 2015.

65   Kaehlbrandt, Roland: Logbuch Deutsch, a.a.O.

66   Sanders, Barry: Verlust der Sprachkultur. Frankfurt/Main. 3. Aufl.. 1995, S.309.

67   Stark Franz: Sprache – „sanftes" Machtinstrument in der globalen Konkurrenz. Paderborn. 2007.

68   Trabant, Jürgen: Mithridades im Paradies. München. 2003.

69   Sworig, Meike: Das große Sprachensterben, a.a.O.

70   Schelsky, Helmut: In: Deutsche Zeitung, 12. April 1974.

71   Ogilvy, David: Geständnisse eines Werbemanns. München. 2000.

72   Teunis, Geert: Hauptversammlung der Volkswagen AG, 3. Mai 2006.

73   Nerrière, Jean-Paul: In: International Herald Tribune, 22. April 2005.

74   Macintyre, Ben: The last word. In: The Guardian, 2. April 2010.

75   Baer, Oliver: Von Babylon nach Globylon. Paderborn. 2011.

76   Leonhardt, Rudolf Walter: Oder worum geht es eigentlich? In: Die Zeit, 22. April 1994.

77   Hagège, Claude: Halte à la mort des langues. Edition Odile Jacob. 2000.

78   Trabant, Jürgen: Mit der Sprache stirbt Kultur. Goethe-Institut. 2011.

79   Trabant, Jürgen: Mithridates, a.a.O.

80   Oettinger, Günther: SWDR-Interview, November 2005.

81   Gauck, Joachim: Europa: Vertrauen erneuern – Verbindlichkeit stärken (Rede). Berlin, 22. Februar 2013.

82   Zuckmayer, Carl: Der Hauptmann von Köpenick. Berlin. 1931.

XV. Nachbemerkungen

Vielleicht kommt aber auch alles ganz anders. „Spiegel online" vom 27. Februar 2004 berichtet von einem Aufsatz des britischen Sprachforschers David Gaddol im Magazin „Science", in dem er schreibt, dass die Idee, Englisch würde sich auf Kosten aller anderen Sprachen zum globalen Dialekt entwickeln, ihr Haltbarkeitsdatum längst überschritten habe. Er prophezeit den Vormarsch von Hindi und Urdu. Das ist eine denkbare Hypothese.

In der Tageszeitung „Die Welt" stand am 28. August 2015 ein interessanter Artikel mit der Überschrift: „Adieu Englisch! Französisch wird neue Weltsprache." „Wissenschaftler gehen davon aus, dass die französische Sprache vor einem globalen Siegeszug steht." Nach der Überzeugung dieser Wissenschaftler von der Investbank Natixis liegen die Ursachen dieser Voraussage in der demografischen Entwicklung, da die Völker, die französisch sprechen (vor allem in Afrika), ein größeres Bevölkerungswachstum aufweisen als die englischsprachigen. So prognostizieren diese Experten, dass sich bis 2050 der Anteil der französisch sprechenden Menschen von jetzt 220 Millionen auf stolze 750 Millionen erhöhen und Mandarin sowie Englisch hinter sich lassen werde. Nichts Genaues weiß man nicht, würde man bei uns in Hessen sagen.
Wie gesagt, vielleicht kommt aber auch alles ganz anders, denn die englische Sprache war auch nicht immer die führende Weltsprache, sondern sie begann erst im 19. Jahrhundert das Französische von seinem Spitzenplatz zu verdrängen, wobei die Massenkommunikationsmittel und die weltweite Mobilität ihren Anteil daran hatten.Schon der griechische Philosoph Heraklit wusste es vor 2500 Jahren: „Panta rhei", alles fließt, und so fließend sind auch die Sprach- und die Sprachen-entwicklungen. Eines scheint leider allerdings ziemlich sicher zu sein, die wunderbare, anmutige deutsche Sprache hat wohl weniger Chancen, die Nummer 1 der Weltsprachen zu werden.

Aber gerade deswegen müssen wir sie hegen und pflegen!

Zum Autor:

Rolf Müller ist Buchhändlersohn, promovierter Germanist, und vor allem liebt er die deutsche Sprache. „Rettungsversuche" für diese Sprache gegen die Übermacht der Anglizismen und die Flut des Denglischen bewegen ihn seit seiner Schulzeit. Getreu dem Motto „ein Müller gibt nicht auf" versucht er auch in seiner „lieb gemeinten Streitschrift", der - vermeintlich - unaufhaltsamen Entwicklung des Globish zur Weltsprache ein Haltesignal entgegen zu setzen.

Der 1947 in der Barbarossastadt Gelnhausen geborene Autor kann auf vielfältige Aktivitäten zurück blicken: Gymnasiallehrer, Landtagsabgeordneter, Staatssekretär und Deutscher Hochschulmeister im Schwimmen. Seit 1997 ist er Präsident des Landessportbundes Hessen.

Von Dr. Rolf Müller gibt es bereits folgende Veröffentlichungen: „Komödie im Atomzeitalter", zwei Bände „Alte Gelnhäuser erzählen", „Clowneske Wirklichkeit" sowie „Zwischen Auslaufmodell und Zukunftshoffnung".